Tarô Maçônico

Os Arcanos da Arte Real

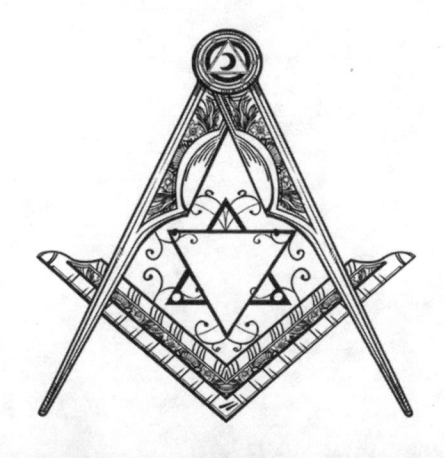

Patricio Diaz Silva

✝Arô Maçônico
Os Arcanos da Arte Real

Tradução:
Fulvio Lubisco

MADRAS®

Publicado originalmente em inglês sob o título *Masonic Tarot,* por Lo Scarabeo.
© 2016, Lo Scarabeo.
Direitos de edição e tradução para o Brasil.
Tradução autorizada do inglês.
© 2017, Madras Editora Ltda.

Editor:
Wagner Veneziani Costa

Produção e Capa:
Equipe Técnica Madras

Tradução:
Fulvio Lubisco

Revisão da Tradução:
Arlete Genari

Revisão Maçônica:
Fernando Cavalcante Gomes

Revisão:
Silvia Massimini Felix

Dados Internacionais de Catalogação na Publicação (CIP)
(Câmara Brasileira do Livro, SP, Brasil)

Diaz Silva, Patricio
O tarô maçônico : os arcanos da arte real /
Patricio Diaz Silva ; tradução Fulvio Lubisco]. --
São Paulo : Madras, 2017.
Título original: Masonic tarot.
ISBN 978-85-370-1006-8

1. Maçonaria 2. Maçonaria - Rituais
3. Simbolismo 4. Tarô I. Título.
16-04742   CDD-366.1
        Índices para catálogo sistemático:
      1. Tarô : Maçonaria : Sociedades secretas 366.1

É proibida a reprodução total ou parcial desta obra, de qualquer forma ou por qualquer meio eletrônico, mecânico, inclusive por meio de processos xerográficos, incluindo ainda o uso da internet, sem a permissão expressa da Madras Editora, na pessoa de seu editor (Lei nº 9.610, de 19/2/1998).

Todos os direitos desta edição, em língua portuguesa, reservados pela

MADRAS EDITORA LTDA.
Rua Paulo Gonçalves, 88 — Santana
CEP: 02403-020 — São Paulo/SP
Caixa Postal: 12183 — CEP: 02013-970
Tel.: (11) 2281-5555 — Fax: (11) 2959-3090
www.madras.com.br

ÍNDICE

O TARÔ MAÇÔNICO...13
OS ARCANOS DA ARTE REAL...9
OS ARCANOS MAIORES..13
O LOUCO..14
I – O MAGO..16
II – A SACERDOTISA...18
III – A IMPERATRIZ...20
IV – O IMPERADOR...22
V – O PAPA..24
VI – OS ENAMORADOS..26
VII – O CARRO...28
VIII – A FORÇA..30
IX – O EREMITA...32
X – A RODA DA FORTUNA..34
XI – A JUSTIÇA...36
XII – O ENFORCADO...38
XIII – A MORTE..40
XIV – A TEMPERANÇA...42
XV – O DIABO..44

XVI – A TORRE 47
XVII – A ESTRELA 49
XVIII – A LUA 51
XIX – O SOL 53
XX – O JULGAMENTO 55
XXI – O MUNDO 57
OS ARCANOS MENORES 59
TERRA: SIMBOLIZADA PELO
NAIPE DE PAUS (MAÇO) 59
ÁS DE PAUS 60
2 DE PAUS 60
3 DE PAUS 60
4 DE PAUS 61
5 DE PAUS 61
6 DE PAUS 61
7 DE PAUS 62
8 DE PAUS 62
9 DE PAUS 62
10 DE PAUS 63
VALETE DE PAUS 63
CAVALEIRO DE PAUS 63
RAINHA DE PAUS 64
REI DE PAUS 64
ÁGUA: SIMBOLIZADA PELO NAIPE
DE COPAS (TAÇA) 65
ÁS DE COPAS 65
2 DE COPAS 66
3 DE COPAS 66

ÍNDICE

4 DE COPAS 66
5 DE COPAS 67
6 DE COPAS 67
7 DE COPAS 67
8 DE COPAS 68
9 DE COPAS 68
10 DE COPAS 68
VALETE DE COPAS 69
CAVALEIRO DE COPAS 69
RAINHA DE COPAS 69
REI DE COPAS 70
FOGO: SIMBOLIZADO PELO NAIPE DE OUROS 70
ÁS DE OUROS 71
DOIS DE OUROS 71
3 DE OUROS 71
4 DE OUROS 72
5 DE OUROS 72
6 DE OUROS 72
7 DE OUROS 73
8 DE OUROS 73
9 DE OUROS 73
10 DE OUROS 74
VALETE DE OUROS 74
CAVALEIRO DE OUROS 74
RAINHA DE OUROS 75
REI DE OUROS 75
AR: SIMBOLIZADO PELO NAIPE DE ESPADAS 76

ÁS DE ESPADAS 76
2 DE ESPADAS 77
3 DE ESPADAS 77
4 DE ESPADAS 77
5 DE ESPADAS 78
6 DE ESPADAS 78
7 DE ESPADAS 78
8 DE ESPADAS 79
9 DE ESPADAS 79
10 DE ESPADAS 79
VALETE DE ESPADAS 80
CAVALEIRO DE ESPADAS 80
RAINHA DE ESPADAS 81
REI DE ESPADAS 81
LEITURAS DE TARÔ 83
LEITURA DE APRENDIZ MAÇOM 83
LEITURA DE COMPANHEIRO MAÇOM 84
LEITURA DE MESTRE MAÇOM 86
GLOSSÁRIO DE CONCEITOS E
SÍMBOLOS MAÇÔNICOS 89
ANOTAÇÕES 95
ENGLISH 97
ITALIANO 141
ESPAÑOL 151
FRANÇAIS 163
DEUTSCH 173

O TARÔ MAÇÔNICO

Os Arcanos da Arte Real

Esta obra foi criada pelo artista e pesquisador chileno Patricio Diaz Silva entre 2010 e 2014. Baseado em seus estudos do simbolismo maçônico e tomando como modelos os arcanos do tarô, ele imaginou uma síntese para demonstrar a integração e interação entre os dois sistemas de autoconhecimento. A estrutura deste tarô organiza o baralho em 22 cartas dos Arcanos Maiores e 56 cartas dos Arcanos Menores, e baseia-se nos quatro elementos alquímicos: Terra, Água, Fogo e Ar.

TERRA: Ela é representada pelo Maço, uma ferramenta com a qual os maçons simbolizam o trabalho na pedra, a camada sólida da terra.

ÁGUA: Ela é representada pela Taça, ou seja, o cálice do sangue ou do vinho, e representa o mundo das emoções.

FOGO: Ele é representado pelo Ouro. Esse metal atinge sua beleza e sua purificação pela ação do fogo.

AR: Ele é representado pela Espada. Ela simboliza os pensamentos e as ideias.

O simbolismo do tarô pode ser reconhecido nas várias facetas dos rituais e dos símbolos maçônicos. Uma delas é a cerimônia de iniciação maçônica. Esse é um ritual no qual um Neófito, vendado, é conduzido no Templo e passa por vários testes de purificação simbólica associados aos quatro elementos alquímicos; depois, ele apresenta seu juramento, sendo-lhe dada, em seguida, uma representação simbólica da luz da consciência que se torna clara ao deixar para trás a ignorância que envolve o chamado mundo profano. Depois da purificação e da aceitação, a pessoa torna-se Aprendiz.

No primeiro estágio da cerimônia, o Candidato vendado é colocado em um quarto escuro, com a tênue luz de uma vela. O confinamento nesse quarto coloca a pessoa em contato com o elemento Terra. O isolamento e o silêncio levam-na a refletir sobre si mesma. Em seguida, ela é retirada do local e levada ao Templo, onde deve realizar as Três Viagens, que são experiências simbólicas de contato e purificação por meio dos outros três elementos.

A Primeira Viagem começa quando o Venerável Mestre que preside a cerimônia exclama, em alto e bom som: *"Levem o Candidato para sua Primeira Viagem misteriosa, a fim de que seja purificado pela Água"*. Dois Oficiais conduzem então o Candidato dentro do Templo e param em frente a uma vasilha[1] com água. Eles o ajudam a imergir as mãos na água para simbolizar o ritual de purificação pela água; depois, a pessoa é reconduzida ao ponto de partida.

Ali, ela novamente ouve a voz do Venerável Mestre, que diz: *"Levem o Candidato para sua Segunda Viagem misteriosa, a fim de que seja purificado pelo Ar"*.

Sempre acompanhado pelos Oficiais, o Candidato anda pelos quatro cantos do Templo e, ao mesmo tempo, os Irmãos fazem uma algazarra, brandindo e cruzando suas espadas, simulando uma batalha. Espadas são representações simbólicas do Ar. Em seguida, o Venerável Mestre proclama que o Candidato realize a Terceira Viagem misteriosa para ser purificado pelo Fogo. O Candidato é conduzido para perto das escadas onde o Venerável Mestre se encontra e é colocado de frente para uma pequena vasilha que contém fogo. Os Irmãos Expertos passam as mãos do Candidato pelas chamas do fogo para simbolizar a purificação por meio desse elemento.

Os quatro elementos alquímicos e os correspondentes símbolos astrológicos também aparecem em outros momentos da Iniciação. Quando um composto chamado de "Taça da Amargura"[2] é oferecido ao Candidato para que ele o beba, ele está sendo colo-

---
1. N.R.M.: No R∴E∴A∴A∴, essa vasilha é chamada de Mar de Bronze.
2. N.R.M.: No R∴E∴A∴A., é chamada de Taça Sagrada ou Taça da Boa ou Má Sorte.

cado em contato com a água da taça. A água amarga simboliza uma purgação das emoções e representa os transtornos da vida.

Durante a cerimônia, a pessoa ajoelha-se diante do altar, no qual se encontra o Livro das Sagradas Escrituras. Nesse momento, ela é solicitada a colocar uma das mãos sobre o livro enquanto a outra segura um compasso com suas extremidades abertas sobre seu peito, sendo obrigado a pronunciar seu juramento. Depois do Juramento, o Venrável Mestre ergue sua espada e os Irmãos Diáconos cruzam suas espadas em um ponto sobre a cabeça do Candidato formando uma "Abóbada de Aço",[3] assim chamada pelos maçons. Nessa cerimônia de investidura feudal – pela qual um rei elegia um cavaleiro vassalo – a espada é usada para invocar a presença dos poderes do Ar. Nesse mesmo ponto e momento, o Venerável Mestre pergunta ao Candidato: "O que você mais deseja neste momento?", e ele responde: "Ver a Luz". Imediatamente, o Venerável Mestre retira a venda e o Candidato entra em contato com a luz brilhante do fogo à sua frente.

Finalmente, o Candidato recebe as ferramentas simbólicas: o maço, o cinzel, o nível e o avental e, assim, ele é simbolicamente colocado em contato com a Terra. Com essas ferramentas em suas mãos, o Candidato pode trabalhar a pedra e aprender a arte de construir. A presença de pedras no Templo maçônico é o símbolo da Terra, e as luzes representam o Fogo.

---

3. N.R.M.: No R∴E∴A∴A∴, é chamada de Pálio.

OS ARCANOS MAIORES

Entre os Arcanos Maiores, existem cartas femininas e masculinas; cartas do dia e cartas da noite; cartas ativas e cartas passivas. Essas classificações são feitas tomando-se em conta a energia ou o valor representado em cada um desses mistérios. Elas são resumidamente anotadas ao final da descrição de cada carta.

O LOUCO

Esta é a carta sem número e está fora do sistema. O Louco vagueia fora de qualquer ordem, salvo se ele decidir entrar no sistema para imitar e personificar outro arcano. Ele pode assumir qualquer posição no baralho e desempenhar um papel, mesmo que, para ele, isso se trate de um jogo circunstancial e transitório.

O Louco é uma vanguarda imaginativa e criativa que quebra os paradigmas. Ele não é insano ou mentalmente incapacitado. Ele é um ser lúcido com a capacidade de enxergar o que outros nunca enxergam. Sua perspectiva original faz dele uma pessoa única. Ele pode ser o comediante do grupo – tornando-se o mais irreverente, assim como o mais ousado, o mais arriscado e, às vezes, o mais temerário. Quando sarcástico, a acuidade de seus comentários é sua arma e, portanto, os poderosos preferem tê-lo como amigo, proporcionando-lhe proteção. Ele tem problemas com aqueles que representam poder, autoridade, leis, burocracia, ordem, sistema e tradição. Ele escarnecerá daqueles que estiverem presos aos bens materiais e às hierarquias sociais. Ele zombará daqueles que vivem escravizados pelo trabalho, subjugados pelos regulamentos e ligados à família. Ele apenas cuida do que é essencial, o espírito das coisas.

No Tarô Maçônico, o Louco é vestido como um saltimbanco ou um charlatão. Em seu chapéu está o símbolo do infinito e um enfeite com três penas. Um saco sobre seus ombros é seu único pertence material. Em sua mão esquerda, ele segura um compasso e, na direita, ele carrega um bastão com chocalhos para atrair a atenção de pessoas para as quais ele realizará uma apresentação. Ele é representado andando em uma praia em direção a um frágil barco a velas. Seus pés pisam em um ramo de acácia, símbolo da imortalidade. Atrás dele, um cachorro morde seus calcanhares. Em alguns baralhos de tarôs, o cachorro representa o vulgar mundo profano, enquanto, em outros, ele é interpretado como símbolo de fiel companhia. No pano de fundo, um vasto mar no crepúsculo. Ao lado do Sol que se põe, um pássaro voando e o símbolo da Estrela da Sorte que protege os loucos e salva a todos da imprudência.

Classificação do Arcano: **Feminino, Noite.**
Elemento: **Água.**
Projeção Vital: **Emoção.**

I – O MAGO

Esta carta representa criatividade, ingenuidade, astúcia, inteligência e audácia. O Mago tem o poder do artista, cientista, inventor e inovador. Ele é o alquimista e conhece os elementos e suas propriedades, assim como as combinações para fazer um produto novo e inesperado. Ao aprender os segredos da transmutação, ele traz à luz a pedra bruta de ouro. O Mago vence convincentemente por meio de sua natureza jocosa e criativa.

Neste baralho, O Mago aparece em um terno escuro e uma cartola na cabeça com o símbolo do infinito. Veste um traje de Venerável Mestre: avental, colar e punhos. Ele está de frente para uma mesa coberta com um pano púrpura – a cor da transmutação. Sobre a mesa estão o malhete, a espada e uma pedra cúbica que simboliza a perfeição à qual o maçom aspira. O produto de seu trabalho é representado pela cornucópia cheia de moedas de ouro. Ele está fazendo um feitiço para transferir o éter ao seu compasso, e sua outra mão está tentando magnetizar o líquido do cálice. O compasso toca alguns ramos de acácia, simbolizando a imortalidade, a sabedoria e o elemento Terra. Em uma parede há uma garrafa contendo um líquido como um símbolo do sangue dos alquimistas.

O fundo amarelo da figura faz referência ao ouro e ao crepúsculo. Atrás da figura há uma bola de luz que, no conceito, simboliza o todo. Em cima está o brilhante Delta Sagrado com o Olho que Tudo Vê. Embaixo, um jardim com plantas e flores, incluindo um trevo de quatro folhas.

    A estrutura é composta de duas Colunas da Loja Maçônica, marcadas com as letras B e J, que sustentam um arco mostrando o Sol, a Lua e as estrelas, que representam os ciclos do tempo: dia e noite, e a passagem das horas. Isso simboliza o ciclo de trabalho em uma Loja; "Do meio-dia à meia-noite".

Classificação do Arcano: **Masculino, Dia.**
Elemento: **Fogo, simbolizado pelo ouro.**
Projeção Vital: **Ação.**

II – A SACERDOTISA

Esta carta representa o poder silencioso do mundo feminino. A Sacerdotisa é dotada de sensibilidade e intuição, e possui a habilidade de enxergar o bem maior pelos olhos do coração. Ela enxerga o horizonte do futuro, tanto do Sol nascente no brilho da aurora quanto do Sol que mergulha na água. A mulher é a musa que inspira o artista e guia o perdido; ela sana as feridas do guerreiro, cura os doentes, conforta os caídos e cuida dos idosos. A Sacerdotisa é a mãe que protege a criança, cultiva flores em seu jardim e amassa o pão que, quando assado, é servido na mesa de seu lar.

A Sacerdotisa é a matriarca da tribo. Prudente e reservada, ela nunca revela tudo o que sabe nem expressa tudo o que ela sente. Suas palavras e gestos são mínimos e expressos por meio de sinais sutis apenas para a pessoa que é inteligente e perceptiva.

A Sacerdotisa seduz através de sua presença. Sua fragrância sutil permeia os ambientes, deixando silenciosamente uma aura que dobra o orgulho e convida seguidores. Ela é o espelho da Lua e a taça que contém o brilho das estrelas. Ela entende os segredos universais e pode ler os padrões do tempo. Ela é a sabedoria da noite e a luz dos viajantes.

A carta apresenta a Sacerdotisa sentada em seu trono, com o grande Livro da Vida. Seu delicado vestido branco simboliza a pureza e a elegância. Isso é harmonizado com os véus que caem do balcão. O véu é o símbolo da sabedoria que é revelada apenas por indícios. À sua frente, uma mesa coberta com um pano vermelho, sobre a qual está um compasso e um pergaminho contendo conhecimento astrológico. Há também uma taça contendo o nobre sangue da Paixão. Do lado oposto, há um vaso com incenso aceso e um ramo de acácia com sete folhas. Atrás do trono, vê-se um iluminado céu noturno e o Delta Sagrado como o Olho que Tudo Vê. Ao lado da mesa estão as colunas do Templo. Em cima, três ramos de acácia de cada lado reiteram o simbolismo da sabedoria.

Classificação do Arcano: **Feminino, Noite.**
Elemento: **Água, simbolizada pela taça.**
Projeção Vital: **Emoção e Silêncio.**

III – A IMPERATRIZ

Diferente da Sacerdotisa, cuja soberania governa o mundo interno, a Imperatriz rege e brilha aos olhos do mundo externo, atraindo a atenção, em vez de se manter reservada. Sua voz é ouvida em tons de comando. "Eu nunca poderei ser ignorada e devo ser sempre respeitada no escalão social."

A Imperatriz é brilho que ofusca. É uma mulher sedutora que leva os homens a servi-la. Ela representa riqueza e ostentação, assim como o poder de sua linhagem, o progresso econômico e a expansão de seu território. Ela é uma líder e uma autoridade que delibera juízos categóricos e mantém posições firmes. Ela rege e protege seu povo com a mesma força, enfrentando seus inimigos sem hesitação. Ela lidera com elegância e segurança. Ela aprecia a ordem; para ela, nada deve ser confuso ou ambíguo.

Ela gosta de saber de que forma a riqueza é adquirida e exige respeito em relação aos seus procedimentos, tradições e hierarquias. Suas ações são pensadas e precisas e não age por impulso. A Imperatriz é uma estrategista e diplomata que proporciona inteligência às emoções.

Na carta, ela está sentada em seu trono, trajando um vestido branco. Seu ventre protuberante é um detalhe presente em muitos baralhos de tarô, o que é interpretado como fertilidade, concepção ou geração. Também é interpretado como representando um tesouro escondido, indica que com ela há boa sorte. Isso não se refere apenas à concepção de uma criatura biológica.

A Imperatriz ergue sua mão direita, brandindo um malhete, o que simboliza sua autoridade. Uma coroa dourada em sua cabeça mostra o triângulo sagrado. Sua mão esquerda segura um escudo com a águia de duas cabeças de seu governo e hierarquia. Ela porta um avental maçônico, que cobre seu colo. O trono está estruturado por Colunas sobre as quais estão as letras B e J, letras que são encontradas em todo o Templo maçônico.

Classificação do Arcano: **Feminino, Dia.**
Elemento: **Terra.**
Projeção Vital: **Estabilidade e Progresso.**

IV – O IMPERADOR

O Imperador reina sobre a terra e os homens. Seu poder está na força de seus exércitos e do ouro de seu reino. Mais do que um mortal, portanto perecível e inclinado às fraquezas humanas, o Imperador é a institucionalização do poder regente. O poder subjuga o homem e faz com que ele se perca. Em volta de todo governante há sempre um cortejo de cortesãos que compõem a comitiva e participam do banquete. Entre a multidão há também os animados bajuladores que abrem seu caminho.

Na carta, podemos ver o Imperador em pé, na sala do trono, com as paredes decoradas e com paramentos de Grão-Mestre Maçom. Ele veste um terno escuro e um manto azul em forma de asa. Seu cabelo e barba são cinzentos e seu rosto aparenta ser maduro. Em sua mão direita ele segura o malhete, em uma atitude de autoridade, enquanto com sua outra mão ele ergue um esquadro dourado, símbolo da retidão maçônica e a ferramenta com a qual ele deve medir todos os maçons de seu império. Perto do esquadro podemos ver uma espada erguida com sua ponta tocando outra que vem de trás, formando uma "Abóbada de Aço", sobre a cabeça do Grão-Mestre.

Iluminando o céu, no pano de fundo, há sete luzes irradiando seus raios. A maior corresponde ao Sol e está situada precisamente sobre uma coluna dourada, simbolizando a sabedoria de Salomão. Na coluna, uma espada flamejante aponta para o Sol. O piso do estrado é coberto por um tapete vermelho, a cor da realeza e do sangue.

As bordas amarelas da carta portam ornamentos compostos de quadrados e de ramos de acácia nos dois lados. Em cima estão anotadas duas letras de abreviações maçônicas – G e L – e significam "Grande Loja". Nos quatro cantos há moedas de ouro com a representação da Esfinge real. O número 4 simboliza estabilidade e materialidade. Trata-se da necessária fundação para a construção e é a face regular de toda pedra cúbica sobre a qual a solidez do Templo é baseada.

Classificação do Arcano: **Masculino, Dia.**
Elemento: **Fogo, simbolizado pelo ouro.**
Projeção Vital: **Ação e Autoridade.**

V – O PAPA

O Papa é a maior autoridade espiritual em uma organização moral ou espiritual. Embora a Maçonaria seja uma Fraternidade na qual prevalece uma visão agnóstica de transcendência, a visão de um ser superior e criador é chamada pelo título de Grande Arquiteto do Universo. A criação do Universo também é ligada ao Mestre Hiram, que aparece no Livro das Sagradas Escrituras como o responsável pela construção do Templo de Salomão. O Papa é um homem indiferente às coisas materiais e à ambição do ego humano. Ele está ciente de que logo deixará o submundo. Sua visão está orientada para a transcendência. Entretanto, ele sente o dever moral de passar adiante sua experiência aos seus discípulos. Em alguns baralhos de tarô, o Papa (ou o Hierofante) é cercado por discípulos aos quais ele transmite seus ensinamentos. Ele representa a maturidade e a bondade espiritual.

Na carta, podemos ver o Papa como um homem idoso de cabelos e barba grisalhos. Ele tem a aparência de um astrólogo ou de um mago capaz de convocar os poderes do Universo. Seu traje parece aquele portado por Oficiais dos Altos Graus Filosóficos[4] do

---
4. N.R.M.: Do Grau 4 ao 33.

Rito Escocês Antigo e Aceito da Maçonaria, honrado com o título de Soberano Grande Comendador. Trajando uma veste branca e um manto de cor púrpura, ele porta um colar vermelho com bordas douradas e um avental com o brasão da águia bicéfala, da Maçonaria. Sua mão direita segura um compasso com suas extremidades voltadas para o céu. Diante dele, uma pedra cúbica, sobre a qual está o Livro das Sagradas Escrituras.

No fundo, o céu noturno é iluminado por 33 estrelas, em cujo centro brilha o Delta Sagrado com o Olho que Tudo Vê. Em cima, dois medalhões marcados com a letra G representam o conceito da "Gnose" (conhecimento), mas a letra é também interpretada como a abreviação do nome do "Grande Arquiteto do Universo".

***Classificação do Arcano:* Masculino, Noite.**
***Elemento:* Ar, simbolizado pela espada.**
***Projeção Vital:* Pensamento Transcendente.**

VI – OS ENAMORADOS

A carta dos Enamorados representa amor, determinação e lealdade a um solene compromisso transcendente. Nela podemos ver um casal de namorados jurando sua união dentro de um Templo maçônico, no qual são apresentados colunas, uma corrente e elementos simbólicos. A cena é inspirada pela tradição maçônica de entronar a união conjugal por meio do rito da ratificação ou consagração do casamento. Também representa a consagração realizada para a associação à Maçonaria.

Os Enamorados nesta carta são: um Aprendiz, que porta um avental branco, decorado com o símbolo do Primeiro Grau da Maçonaria, e uma moça em um vestido de cor púrpura com o padrão de um mestre. Os dois estão de olhos fechados em um ato de reverente submissão e libertação. Diante deles, na superfície vermelha do altar, está o Livro das Sagradas Escrituras, com suas páginas brancas abertas e uma rosa vermelha, símbolo do amor.

Atrás dos Namorados, em colunas, há um friso no qual se encontra a Cadeia de União Fraternal. As colunas são de estilos diferentes: atrás da namorada há uma coluna jônica, referindo-se à forma feminina.[5] Atrás do namorado, uma coluna dórica, simbolizando a força masculina. Entre as colunas, o triângulo com o Olho que Tudo Vê observa suas purezas de coração e de compromisso. No céu, a Lua (feminina) e o Sol (masculino) simbolizam o passar dos dias e das noites. Esta carta reflete o mundo interno, os sentimentos e compromissos.

Classificação do Arcano: **Feminino, Noite.**
Elemento: **Água, simbolizada pela taça.**
Projeção Vital: **Emoção.**

---

5. N.R.M.: No R∴E∴A∴A∴, são chamadas de Colunas Jaquin (Beleza) e Boaz (Força).

VII – O CARRO

O Carro representa ação, força, movimento e direção. Este arcano dirige o sucesso, o poder, a viagem, a edificação da confrontação e a posição social. Ela também anuncia a solução de problemas e mostra as forças que são opostas e que precisam ser reunidas em uma direção. Os cavalos representam a dualidade dos instintos e das emoções. O condutor é a consciência superior, a inteligência; a razão deve disciplinar as forças que levam o homem decisivamente para uma meta ou objetivo específicos.

Na carta, podemos ver o avanço de um carro puxado por dois cavalos, um branco e outro marrom. Se a divergência dos dois for mantida, a força é anulada e o carro não progredirá, e poderá até ser destruído. O condutor está vestido de preto, com decoração maçônica; em uma das mãos ele segura um maço, simbolizando autoridade, enquanto a outra segura as rédeas dos cavalos. Ele é a representação do Venerável Mestre tentando dirigir o progresso de sua Loja. Os enfeites do cavalo branco mostram um prumo, representando Aprendizes; os enfeites do cavalo marrom mostram um nível, representando Companheiros. O dever do líder de uma Loja é o de agregar força e direcionamento para a energia do avanço.

Esta carta é o número da perfeição e do grau maçônico. Sete é o número mais positivo de todos; ele nunca é negativo. Em todas as filosofias e religiões, ele tem a mesma conotação.

Classificação do Arcano: **Masculino, Dia.**
Elemento: **Fogo, simbolizado pelo ouro.**
Projeção Vital: **Ação e Força.**

VIII – A FORÇA

A carta da Força representa o poder da vontade. São as habilidades da dominação, da ação e da temperança sobre o instinto, a força bruta e a inércia das coisas. A Força proporciona coragem e vontade guerreira para enfrentar os desafios impostos sobre nós pelas forças do mundo profano. Ela representa o trabalho fatigante no enfrentamento desses desafios. Na maioria dos baralhos de tarô, a carta é representada por uma mulher abrindo ou fechando as mandíbulas de um leão. O leão representa o instinto animal, a força das paixões inferiores, e a mulher representa o poder da sabedoria e a beleza impostos sobre o animal.

O Tarô Maçônico identifica o tópico da força com os ensinamentos do Segundo Grau da Maçonaria e a tarefa de construir, uma alegoria da construção do Templo de Salomão. Aqui, um grupo de trabalhadores juntaram forças para levantar uma pesada pedra cúbica por meio de uma polia em cima de um tripé.[6] Os três trabalhadores aparecem portando aventais de Companheiros. Em outro bloco de pedra estão as ferramentas do respectivo Grau. A coluna canelada à direita está marcada com a letra J e a figura de um nível.

---

6. N.R.M.: No Rito de York, esse instrumento é chamado de Lewis.

No céu, há uma escada com cinco degraus terminando em esfera e, no centro, é inscrita a letra G. Essa é uma referência à lenda bíblica do sonho de Jacó a respeito de uma escada que leva para o céu. O número 8 corresponde aos pontos de uma pedra cúbica, a base dos materiais de construção.

Classificação do Arcano: **Masculino, Dia.**
Elemento: **Terra, simbolizada pelo maço.**
Projeção Vital: **Trabalho.**

IX – O EREMITA

A carta representa a remoção das preocupações mundanas para encontrar o Eremita e receber iluminação. Trata-se da jornada final para o mundo interno, uma jornada solitária no silêncio e na escura noite da alma. Em um sentido, esta carta simboliza o crepúsculo da vida. Ela anuncia o abandono de um estágio da vida terrena ou de um projeto ou trabalho que consumiu uma parte significativa de tempo. Na numerologia, o número 9 está associado à realização de um grande trabalho durante toda a vida; o número 9 é o resultado de 3 vezes 3.

Nesta carta, podemos ver um homem idoso andando na encosta de uma montanha, subindo lentamente para o pico, onde um Templo de luz astral detém os reais segredos da alma. Com sua longa barba, o Eremita veste uma simples túnica branca, símbolo da pureza, e uma túnica vermelho-rubi, a cor da sabedoria. Sua mão esquerda segura um bastão que serve para sustentar seu corpo frágil e cansado. Em sua outra mão, ele segura uma lanterna, símbolo de sua luz interna.

O amplo céu e a noite mágica proporcionados à atmosfera da carta são iluminados pelo Delta Sagrado com um olho no centro, um símbolo da sabedoria oculta do Mestre Hiram, e pelas nove estrelas que correspondem ao número desta carta. As margens da carta apresentam outros símbolos associados à maestria de um maçom: o compasso, o esquadro e os ramos de acácia.

Classificação do Arcano: **Feminino, Noite.**
Elemento: **Ar, simbolizado pela espada.**
Projeção Vital: **Pensamentos.**

X – A RODA DA FORTUNA

A Roda da Fortuna representa mudanças repentinas e refere-se a eventos inesperados que, a qualquer momento, podem alterar a ordem das coisas tanto de uma pessoa como de um ambiente. Embora a carta seja chamada de Roda da Fortuna, ela não se refere apenas ao entendimento de mudanças na economia. A natureza passa por ciclos, como dia e noite, e pela sucessão das estações. Os ciclos do movimento das estrelas influenciam as pessoas de uma forma ou de outra. De acordo com o contexto no qual a carta aparece, ela pode significar o advento de sua fortuna ou de sua perda. A roda gira para a direita, indo para cima, e afunda ao girar para a esquerda.

No Tarô Maçônico, um mapa astrológico mostra uma roda no centro, orientada pelo Sol. O círculo interno apresenta quatro divisões com os quatro naipes do baralho: Ouros, Copas, Paus e Espadas. No círculo externo, 12 divisões apresentam os 12 signos do zodíaco. A ordem dessa roda do zodíaco é da direita para a esquerda para a direita – tal como os signos do zodíaco, que são postados em todos os Templos maçônicos do mundo. Sua direção é anti-horária.

No painel direito há alusões ao novo dia, movimento ascendente e prosperidade, enquanto no painel esquerdo estão símbolos representando a noite, declínio e morte. À direita há uma sequência ascendente de um cálice cheio de sangue, símbolo da vida, seguido por seis moedas de ouro, cujo pico está marcado com um Sol radiante, expressando a plenitude desse ciclo. À esquerda, há uma sequência descendente de uma Lua minguante, seis moedas de prata e, embaixo, uma caveira humana – em um nicho, como uma expressão de morte. Entre a caveira e o cálice há um pavimento de vidro representando o Bem e o Mal, a luz e a escuridão, o dia e a noite – a dualidade da vida.

Classificação do Arcano: **Masculino, Dia.**
Elemento: **Fogo, simbolizado pelo ouro.**
Projeção Vital: **Ação.**

XI – A JUSTIÇA

A Justiça representa o reequilíbrio das coisas, a ordem perfeita, a limpeza, a determinação, a sobriedade, a austeridade e a clareza. É contrária à subjetividade, à ambiguidade ou à incerteza. A Justiça é mais um ato de consequência do momento do que um processo em qualquer direção.

A Justiça é a vontade constante e perpétua de dar a todos o que lhes é devido. Suas decisões são projetadas ao longo do tempo. A Justiça toma suas consideradas decisões durante as horas silenciosas da noite. Nenhuma pressão é permitida, nem por meio de promessas ou pelas circunstâncias, mas a lentidão do processo pode causar ansiedade ao inocente e beneficiar o culpado.

A dama que representa a Justiça na carta está sentada em seu trono com os olhos vendados, trajando um vestido de cor púrpura com decoração maçônica. Na mão, a dama segura uma espada erguida para que, quando necessário, ela seja usada para cortar as correntes que oprimem o inocente ou para truncar a base sobre a qual o culpado se baseia. Sua outra mão segura uma balança dourada com dois pratos, em uma posição equilibrada na qual ela pesa tanto culpas quanto inocências.

Seu trono está enquadrado entre duas colunas. Ao pé de uma está um compasso e um esquadro e, na outra coluna, o símbolo apresentado é a Rosa-Cruz. No alto do arco há o símbolo do Delta Sagrado com um olho no centro. O material em pedra ao redor da Justiça representa a solidez e a permanência do valor que ela incorpora.

Como parte de uma consulta, esta carta prevê absolutas definições de situações pendendes. Isso significa determinação de castigo para o culpado e compensação para o inocente, o que pode referir-se a um processo judicial ou a uma resolução de conflito. A Justiça, apesar de ser simbolizada por uma mulher, é uma carta masculina. Uma ação decisiva para sua missão inflexível é capaz de marcar alguém antes e depois na vida de uma pessoa. O símbolo da espada também é de caráter masculino.

***Classificação do Arcano:* Masculino, Dia.**
***Elemento:* Ar, simbolizado pela espada.**
***Projeção Vital:* Pensamento e Determinação Inflexível.**

XII – O ENFORCADO

Esta carta representa dependência, submissão e falta de liberdade. É inação, castração, o cancelamento temporário de todas as suas capacidades. O Enforcado é um prisioneiro de circunstâncias externas e da vontade de outros. Ele é subjugado, exposto à humilhação e depreciado. Sua sobrevivência depende de outros, que devem se distanciar e lhe dar a oportunidade de reerguer-se. É somente então que ele pode recuperar seus movimentos naturais e sua dignidade. Mas, ao acontecer, as horas e o tempo passam lentamente para imergi-lo no sono da morte.

Esta carta prevê chuva, humilhação, castração, prisão, falta de sorte. O único aspecto positivo atribuído a esse arcano é a ideia de que a submissão do Enforcado possa ser um ato voluntário, um ato de doação, um sacrifício, uma confiança sustentada na fé e no amor. Tal como o religioso, ele renuncia à sua sexualidade e passa a ter uma vida livre de apegos a fim de alcançar o paraíso, ou, tal como um casal que abre mão de sua liberdade por um pacto de fidelidade, a autonegação do Enforcado é assumida a fim de perseguir algo de valor ou um ideal superior. Nesse sentido, a carta poderia representar humildade, rendição, castidade, altruísmo, disciplina moral e penitência espiritual. A carta apresenta um homem pendurado por um pé. Ele veste uma túnica branca e o avental de Aprendiz. Sua perna cruzada lembra a posição a ser assumida pelo Candidato durante a iniciação, quando ele profere seu juramento diante do altar da Loja. A cerimônia de iniciação é um ato de rendição e de submissão. A cena da carta corresponde a um Templo maçônico.

Na maioria dos baralhos de tarô, o Enforcado aparece sustentado por uma trave apoiada em duas árvores de ramos mutilados, detalhes que são interpretados como um símbolo de castração. Nesse caso, as árvores são substituídas por duas colunas.

Classificação do Arcano: **Feminino, Noite.**
Elemento: **Ar, simbolizado pela Espada de Dâmocles.**
Projeção Vital: **Pensamentos, Quietude, Espera.**

XIII – A MORTE

A carta da Morte representa a explícita morte física. Entretanto, seu significado é mais amplo e também representa a absoluta culminação de um processo ou de uma existência. A carta prevê mudanças radicais na vida de uma pessoa, como também mudanças de consequências de longo alcance.

O tópico da morte é repetidamente presente no simbolismo maçônico. As cerimônias de iniciação são uma alegoria da morte – morte do profano e o nascimento do iniciado. O mito fundamental da Maçonaria é a lenda da morte do Mestre Hiram Abiff, construtor do lendário Templo de Salomão. Quando o Mestre Hiram estava construindo o Templo encomendado pelo Rei Salomão, ele organizou seus trabalhadores em três grupos, de acordo com seu nível de experiência na arte da construção; aprendizes, companheiros e o mestre. Entre os companheiros havia três homens ambiciosos que, ansiosos por poder e vaidade, queriam tomar o conhecimento do mestre. Certa noite, eles sequestraram e torturaram o mestre e, por não querer revelar seus segredos, mataram-no. Eles levaram seu corpo para o topo de uma colina e enterraram-no, plantando em cima de sua tumba um ramo de acácia. Esse é o tema representado nesta carta. No centro, podemos ver um nicho de cor vermelho-fogo, contendo um caixão preto, dentro do qual há uma caveira. Ao redor do caixão caem folhas de acácia. Acima da janela, o símbolo do Delta Sagrado – o local onde o mestre escondeu os segredos de sua ciência sagrada. A tumba está no meio de uma parede de pedra inacabada, ladeada por duas colunas. No topo da colina, no pano de fundo, está o ramo de acácia. O céu noturno apresenta uma estrela e a Lua.

A carta mostra a corrente, símbolo da união fraternal que representa a unidade de todos os Irmãos. Quando um maçom morre, dizem que ele quebrou essa corrente de ferro; na parte inferior da carta é possível perceber o detalhe de um elo quebrado.

Classificação do Arcano: **Feminino, Noite.**
Elemento: **Terra.**
Projeção Vital: **Morte, o fim de um ciclo.**

XIV – A TEMPERANÇA

Esta é a carta da paciência, da espera, do amadurecimento. Ela representa o trabalho interno, a contemplação das emoções, o autocontrole para alcançar o equilíbrio, a moderação e a transmutação dos maus sentimentos por aqueles inspirados pelo amor e pela caridade. Os sentimentos fortes são como o sangue – o fluido que se movimenta dentro do corpo, despertando áreas inativas e criando novos níveis de consciência. É assim que nossa mente expande e reforça o caráter, fazendo com que o coração se torne mais bondoso.

Esta carta retrata uma mulher que transfere um líquido de uma taça para outra. O líquido corresponde ao sangue, representando as emoções que são transferidas de uma taça de prata para uma de ouro, transmutando-se de frias para quentes. A transição da prata para o ouro simboliza a evolução alquímica. A mulher com sua veste branca representa a pureza. Seus trajes estão molhados, simbolizando um banho, a limpeza do corpo pela água e a purificação pelas emoções. Sua túnica é decorada com um avental de Companheiro Maçom. Seu pé esquerdo – o lado emocional do corpo – é apoiado sobre um bloco cúbico de pedra que está dentro da água. A pedra cúbica é um símbolo da razão, não apenas pela dureza da pedra, mas também por sua forma geométrica. Seu outro pé, dentro do fluxo da água, representa emoções que passam e passam novamente. O campo ao redor é alimentado pelas águas de um rio que desce da montanha. A seu lado, três íris em flor e uma árvore ali estão como símbolos de vida.

    A cena acontece no alvorecer. No céu, algumas estrelas são apresentadas e, no horizonte, a luz anuncia um novo dia. É o arauto de bom clima que resultará do trabalho interno. No céu claro, ao fundo, apresenta-se o Delta Sagrado. A escada para o céu é a visão de Jacó revelada aos seus colegas e é uma das lições desse Grau.

Classificação do Arcano: **Feminino, Noite.**
Elemento: **Água.**
Projeção Vital: **Emoção.**

XV – O DIABO

O Diabo é o símbolo da escuridão infernal. Ele é o arquétipo da dominação e do castigo cuja vã e perversa personalidade exige veneração.

A carta representa o teste de iniciação para mergulhar no reino da escuridão e voltar para a luz e para o ar. A sabedoria e a temperança são alcançadas somente depois de se passar pelo reino da escuridão e derrotá-lo.

A carta mostra um ser obscuro e demoníaco instalado num trono, que evoca o assento de um Venerável Mestre. Com sua mão direita ele levanta um malhete, em sinal de autoridade, enquanto sua mão esquerda segura uma tocha que queima com acácia, símbolo de um sábio Mestre Maçom. Suas costas estão cobertas por um manto que mais parecem asas de morcego. Atrás dele, uma teia de aranha que ele tece todas as noites para capturar suas vítimas e para subir os degraus do poder.

Há dois indivíduos amarrados ao Diabo por correntes presas aos seus pescoços. No contexto de uma Loja, eles poderiam representar as colunas de Aprendizes e de Companheiros, respectivamente. O da esquerda, quase nu, mostra sua língua venenosa, que é a arma da intriga e da difamação. Esse é o homem que anda pelos corredores espalhando adulações a respeito de seu mestre e infâmias a respeito de quem representa uma ameaça. A mensagem de intriga é reforçada pelo símbolo de serpentes rastejando pelas bordas da caixa. Na coluna esquerda, podemos ver um lagarto rastejando para cima, símbolo de um homem servil e escravizado que procura elevar-se com facilidade. No topo, um abutre está empoleirado, simbolizando a ambição do necrófago. Na direita está o burocrata que, por meio de sua aparência formal, trabalha em operações mais sofisticadas para reforçar a regra de seu mestre. Esse é o símbolo do aparente, do externo, do formal e hipócrita conservadorismo. O burocrata formal que derrota o espírito e entrega-se à desobediência. Sua mão com luva branca segura uma nota, na qual está escrito o nome e a sentença de um inimigo. Atrás dele está a coluna com dois animais simbólicos: um morcego, representando o mundo da infecciosa escuridão interna; e um mandril, representando a ambição daqueles que pulam constantemente à procura de uma posição superior.

No fundo, um fogo infernal. Embaixo do trono há sete degraus, nos quais estão inscritos os "Sete Pecados Mortais de uma Loja". Eles são: a mentira, a ira, a ganância, a traição, a conspiração, a intolerância e o sectarismo. Esses são os pecados que todos devem combater, a fim de evitar serem possuídos pelo reino da escuridão, o reino do Diabo.

Classificação do Arcano: **Masculino, Noite.**
Elemento: **Fogo, simbolizado pelo ouro.**
Projeção Vital: **Dominação e Destruição.**

XVI – A TORRE

Indubitavelmente trágica, esta é a carta que prevê destruição, morte, guerra, falência, terremoto, fogo. Trata-se de um evento repentino que tudo modifica; uma tragédia, o final de um sonho ou de um projeto. A Torre prediz problemas que obrigam a pessoa a repensar a vida em vários aspectos e recomeçar baseado em fundamentos mais sólidos. É o desafio para erguer-se novamente assumindo que a vida nunca mais será a mesma.

Na maioria dos baralhos de tarô, a Torre está sendo afetada por uma força externa, simbolizando que essa destruição resulta de causas não sujeitas à natureza da pessoa que ela afeta. Ao contrário, ela mostra as afetações de causas cármicas ou de ordem metafísica, as quais o indivíduo dificilmente entenderia ou conheceria, a fim de se prevenir.

Na carta, podemos ver uma torre circular com vários andares destruídos pelo impacto de descargas de raios; blocos de pedra estão despencando de cima da torre. Além desses blocos, ferramentas simbólicas utilizadas em rituais da Fraternidade também são projetadas no ar: o malhete, a trolha, o esquadro, a régua de 24 polegadas, o nível e o prumo do Venerável Mestre. As duas colunas do Templo foram derrubadas.

Há também fragmentos da Cadeia de União Fraternal representando a dissolução da Fraternidade.

A frente da Torre mostra um pórtico precedido por três degraus, nos quais é possível ver um fogo. Em cima, no primeiro andar, correspondendo à Câmara dos Aprendizes, há uma sequência de três janelas. No segundo andar, o dos Companheiros, há cinco janelas e no terceiro andar, onde os Mestres se reúnem, há sete janelas. É nesse último andar que o fogo causa os maiores danos. Esse detalhe significa que a maior catástrofe ocorre quando a viga de destruição afeta a cabeça da torre e não a base.

Classificação do Arcano: **Masculino, Noite.**
Elemento: **Fogo**
Projeção Vital: **Destruição, Força Marcial.**

XVII – A ESTRELA

Esta carta representa juventude, pureza, beleza, sensualidade, desinibição e harmonia com a natureza. É receptividade, rendição do coração e inocência. É a generosidade de espírito e o amor radiante que sempre asseguram a proteção alheia. Também diz respeito ao tempo usado para plantar aprendizado e para oferecer trabalho altruísta a serviço de benefícios futuros. É a face da sorte. A grosseria sempre se curvará diante da inocência e da beleza. Nesta carta podemos ver uma moça esvaziando a água de dois vasos. Um dos vasos é esvaziado nas águas de um riacho e o outro no prado. A água contida nos vasos – como já vimos na carta da Temperança – representa o mundo interno, o mundo das emoções. Naquela carta, o líquido fluía de uma taça para outra; aqui as duas águas são derramadas na natureza.

Em parceria com o simbolismo maçônico, a carta identifica-se com o Aprendiz que, no momento da iniciação, teve sua roupa removida em uma cerimônia que simboliza sua renúncia aos papéis sociais e aos bens materiais para entrar na fraternidade da Loja e seus ensinamentos.

Ao lado do riacho há uma coluna, como símbolo de beleza, sobre a qual está empoleirado um abutre escuro – na maioria dos baralhos de tarô esse detalhe representa que a beleza e a inocência podem ser frágeis e perecíveis. O abutre representa a ameaça, o perigo que paira sobre a inocência.

No fundo, um Templo de inspiração helênica, a casa da sabedoria superior e da veneração. No céu, uma grande estrela com outras sete estrelas iluminando a jovem nua.

Nas bordas da carta há ramos de acácia. O lado esquerdo está marcado com a letra B e o direito apresenta o prumo, os dois representando o Grau de Aprendiz.

Classificação do Arcano: **Feminino, Noite.**
Elemento: **Água.**
Projeção Vital: **Sentimentos.**

XVIII – A LUA

A Lua representa o tempo de espera que existe dentro da cela de nossa solidão. Ela corresponde ao período da noite, que é quando os pensamentos e ansiedades nos atormentam sem que possamos ter um repouso sereno. O burburinho da noite, o vociferar dos animais e o alvoroço de velhos pensamentos nos perturbam, e eventos trágicos assombram nossa mente. À noite, as sombras crescem e os sons tornam-se mais expressivos. Nossos passos tornam-se incertos. Entretanto, à luz da Lua e durante as horas silenciosas da noite, descemos no poço de nossa consciência e compreendemos os padrões do tempo, em vez da luz do dia atarefado. Os segredos de nossa preocupada consciência tornam-se visíveis somente ao brilho do Luar.

Esta carta representa o momento em que o Candidato à iniciação é colocado na estreita Câmara de Reflexão. Nesse quarto escuro, com seus olhos vendados, ele ali é deixado sozinho para encarar o espelho de sua consciência. Na carta, podemos ver o Candidato vestido com uma velha túnica branca, que representa a pureza e a pobreza. Ele está vendado com uma corda amarrada ao seu pescoço e está sentado a uma mesa coberta com um pano vermelho decorado com uma caveira.⁷ A morte profana proporciona ao iniciado um novo nascimento. À frente da mesa há um caranguejo que tenta subir na mesa. O caranguejo é um símbolo recorrente na carta da Lua em diferentes baralhos e representa a riqueza, o tesouro que se encontra embaixo da terra ou no poço do esgoto, mas que logo deverá emergir. É o arauto de alguma coisa positiva. Quando a noite termina e os primeiros raios da aurora aparecem, o caranguejo será visível a partir da estrada que o perturbado homem deve tomar.

O ambiente onde o jovem aspirante a iniciado espera corresponde a uma cela de paredes altas enquadrando um grande ponto de vantagem, através do qual é possível ver duas torres contra a silhueta das colinas. O céu ocupa grande parte da figura, destacando uma lua crescente que irradia sua luz sobre a cabeça do meditador. Na parte inferior dos dois cantos há dois cães uivando – essas são as vozes agressivas do mundo profano. Na parte lateral da carta há marcas de passos de um viajante. Passos perdidos representam o Candidato à iniciação quando, vendado, deve passar por eles.

Classificação do Arcano: **Feminino, Noite.**
Elemento: **Água.**
Projeção Vital: **Emoções.**

---

7. N.R.M.: Essa Câmara de Reflexão é normalmente encontrada no Rito de York.

XIX – O SOL

O Sol representa a inocência, a pureza, a fraternidade, a amizade e o amor filial. É a afinidade do coração, da mente ou o destino entre duas pessoas que devem andar juntas.

A carta prediz o início de um caminho que pode ser no trabalho, na escola ou apenas na vida. É o modelo da boa sociedade. A mensagem projetada é uma oportunidade para encontrar um parceiro com o qual estabelecer uma parceria mutuamente benéfica.

O simbolismo maçônico associado a essa fraternidade secreta é apresentado nesses Aprendizes espontâneos. Eles representam o início do caminho, a idade simbólica de três anos. Eles estão ligados pelo coração. Abençoe-os e o Sol brilha.

Na carta, podemos ver um casal de jovens Aprendizes portando a mesma vestimenta branca usada para a cerimônia de iniciação, bem como o avental branco. Eles têm sandálias nos pés. Os dois trabalhadores estão ocupados na tarefa de quebrar pedras e fazem uso das ferramentas mais básicas para essa era maçônica. Um deles segura uma régua de 24 polegadas e um prumo, enquanto o outro trabalhador segura o maço. Embaixo, junto com algumas pedras, pode ser visto o cinzel usado para formar a pedra.

O ambiente apresenta uma construção em seu início. No chão está instalado o pavimento de mosaico e, à esquerda, uma limpa coluna acanelada. Atrás de uma parede, ao fundo, há um rio e, mais além do rio, um campo fértil que se estende até às montanhas nevadas.

No céu, destaca-se um grande Sol astrológico e, conforme o Tarô de Marselha, com seus raios, 12 gotas de ouro são projetadas sobre os jovens, uma para cada mês do ano, representando as bênçãos do céu. Sorte está sendo derramada sobre o casal fraterno.

O Sol prevê sucesso no recebimento de bênçãos do céu e sua proteção atinge primeiro os puros de coração. Este arcano anuncia a chegada de um novo dia, uma nova fase da vida com harmonia e equilíbrio espiritual.

Classificação do Arcano: **Masculino, Dia.**
Elemento: **Fogo, simbolizado pelo ouro.**
Projeção Vital: **Ação Apaixonada.**

XX – O JULGAMENTO

Este é o arcano da vitória e da recompensa gloriosa. Ele representa a valorização dos trabalhos que foram realizados durante a vida. Em uma balança do céu, o coração e suas virtudes são pesados. Seu simbolismo representa uma cerimônia de iniciação à vida e à morte. Ele também pode significar uma ida ao tribunal, um julgamento acusatório ou um julgamento de consequências drásticas. Esta carta também poderia anunciar a chegada de uma cerimônia de triunfo, prêmios e reconhecimento especial, tal como uma cerimônia de formatura, de casamento, de batizado ou a conclusão de um contrato importante.

Nesta carta, podemos identificar o Julgamento como sendo o ato da iniciação. É o processo de ida da escuridão para a luz. É ressuscitar e sair do túmulo para encetar novos caminhos.

Podemos ver as costas de um homem vestido de branco olhando para o leste para a nova luz nascente. O indivíduo é o mesmo daquela sala estreita da Câmara de Reflexão na carta da Lua. Ele está cercado pelo pavimento mosaico e diante dele há duas colunas com esferas no topo. Em cima de sua cabeça, cruzam-se três espadas representando a "Abóbada de

Aço", o arco simbólico que expressa proteção fraterna. No ápice está o Delta Sagrado com o Olho Que Tudo Vê. Diante dele há uma porta aberta, através da qual brilha uma luz radiante. A cena é cercada e vigiada pela Cadeia de União Fraternal.

Classificação do Arcano: **Masculino, Dia.**
Elemento: **Ar, simbolizado pela espada.**
Projeção Vital: **Pensamento e Cerimônia.**

XXI – O MUNDO

Esta é a última carta da série dos Arcanos Maiores. Ela é igual a três vezes sete – três vezes o número perfeito. O Mundo completa os três ciclos com chave de ouro: uma vitória total. É a mais poderosa e a mais positiva das cartas. Ela representa a culminação do processo de toda uma vida, a feliz satisfação coroada de glorioso sucesso. Ela representa a mais plena energia de seu estado natural. O Mundo é o resultado da perfeita combinação de toda a força. É o perfeito alinhamento das estrelas.

Em muitos baralhos de tarô, esse segredo é representado pela imagem de uma mulher nua no centro de uma guirlanda de triunfo, e os quatro cantos apresentam as imagens de um leão, de um boi, de uma águia e de um anjo, figuras que no mundo cristão simbolizariam os quatro evangelhos. Eles também correspondem aos quatro elementos alquímicos e são a base dos quatro ramos ou naipes que dividem o baralho. Poder-se-ia dizer que a presença desses quatro elementos representa o resumo de todo o baralho. O leão é Fogo, o boi é Terra, a águia é Água (não porque a águia se move pelas águas, mas sim porque ela representa o sangue).

Esta carta do tarô apresenta uma mulher nua sobre uma pedra cúbica, a representação simbólica da perfeição e do ensinamento maçônicos. A própria pedra é um símbolo do elemento Terra. A mulher, com seus pés sobre essa base, demonstra sua conexão com a terra. Ela olha diretamente para o observador em triunfo. Na mão esquerda, ela segura um compasso dourado, aberto e direcionado para o cosmos, a fim de capturar suas vibrações. Sua mão direita segura o malhete do poder e da autoridade maçônica no submundo que, nesse contexto, se referem ao Fogo. O delicado véu azul que passa por seu corpo nu é o símbolo da Água que, tal como a água de um rio, flui e purifica.

OS ARCANOS MENORES

Os Arcanos Menores consistem de 56 cartas divididas em dois grupos chamados de Hierarquias de Nobreza e de Números Maçônicos. Os dois são agrupados nos quatro elementos conforme segue:

TERRA: SIMBOLIZADA PELO NAIPE DE PAUS (MAÇO)

Terra é o mais denso dos quatro elementos. Sua natureza é concreta e material. Os indivíduos influenciados por esse elemento são mais estáveis do que outros. Quietos e introvertidos, mais lentos em seus processos, eles preferem ser metódicos e defendem a tradição e as normas. Sua perseverança supera qualquer obstáculo. Eles são consumistas e têm prazer em possuir propriedade. São definidos pelo termo "Eu uso".

ÁS DE PAUS

Representa o triunfo e o poder sobre o mundo material. É liderança no trabalho. É a capacidade produtiva e organizacional de uma comunidade. É o poder da perseverança.

2 DE PAUS

Simboliza a união no trabalho. Sociedade perfeita e produtiva.

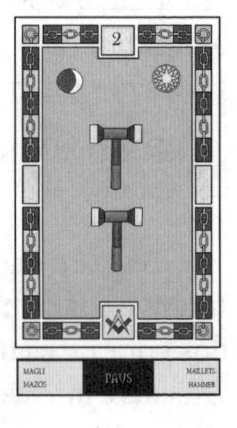

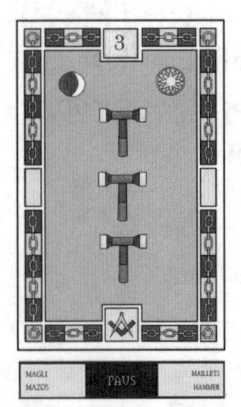

3 DE PAUS

Representa o produto de um trabalho material realizado por um estudante orientado ou assistido por seus professores.

4 DE PAUS

Representa a força do trabalho material e produtivo. Ele anuncia uma aliança proveitosa de pessoas trabalhando juntas a fim de realizar uma obra maior.

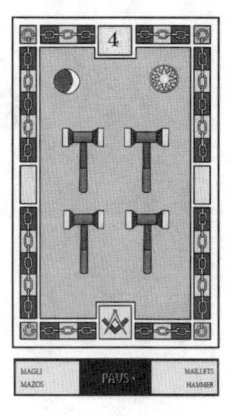

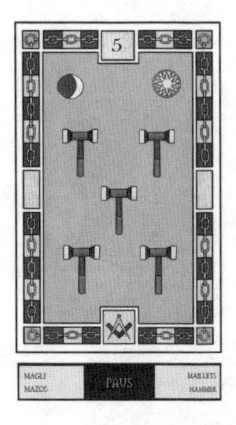

5 DE PAUS

Representa o proveitoso trabalho coletivo até mesmo no conflito. É a projeção, mas não a culminação, da construção.

6 DE PAUS

Apresenta a complementação harmoniosa e equilibrada no reino material. Ele prevê um bom desempenho no trabalho. Progresso harmonioso e concreto por meio da força de vontade e da perseverança.

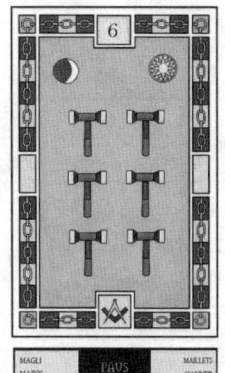

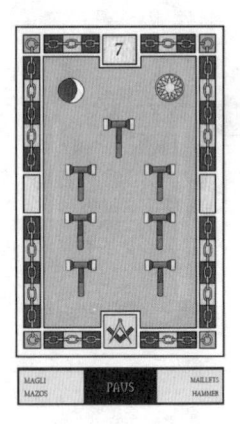

7 DE PAUS

O mestre no trabalho. Ele representa liderança de uma equipe que se esforça por realizar uma tarefa comum. É a perfeição do trabalho.

8 DE PAUS

É a construção de uma obra para o bem comum. É a estabilidade e a solidez do trabalho que nos protege do mundo externo.

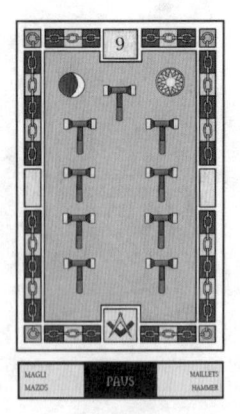

9 DE PAUS

Representa o silencioso e perseverante trabalho que resulta em uma linda obra perfeita.

10 DE PAUS

É a culminação de um trabalho material que trabalhamos coletivamente.

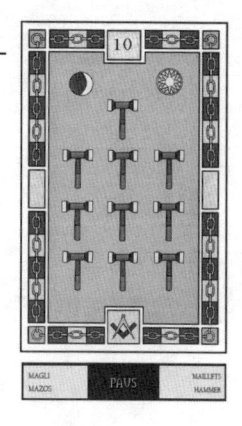

VALETE DE PAUS

É o jovem que trabalha na pedra com o maço e o cinzel. Ele é um pedreiro. Esta carta também representa perseverança e humildade.

CAVALEIRO DE PAUS

É o mestre de obras que transmite as instruções do rei e supervisiona a eficiência do trabalho coletivo.

RAINHA DE PAUS

É a matriarca da família e representa o poder material dentro da comunidade. Ela supervisiona o alimento e o bem-estar da comunidade. Seus atributos são: trabalho, ordem e perseverança.

REI DE PAUS

É o poder material e temporal dentro de uma organização. Seu emblema é a vontade, a perseverança e a disciplina. Ele cuida dos aspectos formais do trabalho e da comunidade que lidera.

ÁGUA: SIMBOLIZADA PELO NAIPE DE COPAS (TAÇA)

A Água é o segundo mais denso elemento depois da Terra e possui uma natureza sensível e mutante. Ela é um espelho que reflete a luz e as cores, e dobra o cenário. Ela é capaz de conduzir eletricidade e som. Quando flui desabaladamente, ela envolve, abraça e arrasta tudo o que está em seu caminho, e invade todas as coisas.

Os indivíduos influenciados pela Água são um pouco instáveis, inconstantes e facilmente persuadidos. Eles são mais sentimentais do que outras pessoas. Eles vivem em um mundo no qual o humor torna-se importante. Eles são receptivos, solidários, altruístas e fiéis. Eles são definidos pelo termo "Eu sinto".

ÁS DE COPAS

Representa o triunfo das emoções e dos sentimentos profundos. É a liderança fraterna e a restauração da honra.

2 DE COPAS

É a dualidade no campo do afeto, o casal e o amor de duas pessoas. O par perfeito. Associação próspera.

3 DE COPAS

Representa o produto de um trabalho engendrado por duas pessoas unidas pelo afeto. Pais que geram um filho ou professores que educam seus alunos.

4 DE COPAS

Representa a estabilidade emocional. Solidez nos compromissos, realização de projetos com um parceiro. Ele anuncia uma aliança entre pessoas que procuram criar ambientes de fraternidade.

5 DE COPAS

Representa o plano espiritual de um trabalho de amor. É a fertilidade de afetos e o fortalecimento de um espaço comunitário.

6 DE COPAS

Representa a complementação emocional de um grupo de pessoas. É estabilidade e harmonia. Amantes prevalecerão.

7 DE COPAS

Representa maestria e domínio no mundo das emoções. Aprender os segredos do amor.

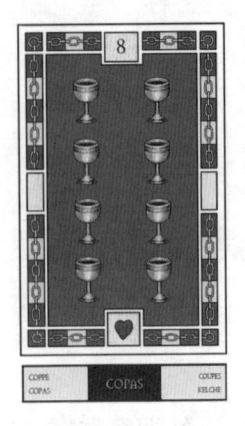

8 DE COPAS

Representa estabilidade dos afetos em uma comunidade. Demonstra liderança que protege e cria condições favoráveis para os ambientes mais fracos.

9 DE COPAS

Representa sabedoria e espiritualidade alcançada por alguém que seguiu o caminho silencioso de seu coração. É amor que é derramado sobre outras pessoas.

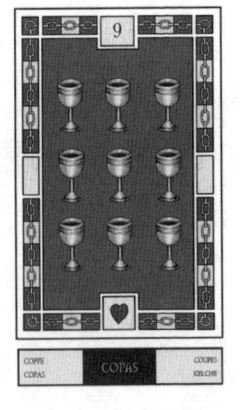

10 DE COPAS

Representa multiplicação de amor e proteção fraternos. Eles abrem novos caminhos e uma nova fase é iniciada.

VALETE DE COPAS

Representa as emoções causadas pela amargura do amor procurado mas não encontrado. É a condição do coração durante a noite.

CAVALEIRO DE COPAS

É o mensageiro e promotor da fraternidade. Ele trabalha com as emoções e facilita o fluxo no meio da noite.

RAINHA DE COPAS

É a mãe que cuida e alimenta suas crianças e os irmãos mais jovens. Sua virtude é a de confortar os tristes ou os feridos até recuperarem sua saúde e autoestima.

REI DE COPAS

É a força protetora do sentimento, da paternidade e da generosidade do coração. É aquele que ouve as aflições alheias e conforta os fracos. Ele expressa proteção, afeto, fraternidade. Bons conselhos e discrição.

FOGO: SIMBOLIZADO PELO NAIPE DE OUROS

O Fogo tem o poder de transformar e de consumir. Sua ganância pode ser rápida e imperdoável. O naipe de Ouros atinge seu ápice quando purificado pelo fogo. Os indivíduos influenciados por esse elemento são extrovertidos e honestos. Eles são entusiastas, dinâmicos e possuem grande força de vontade. Eles conseguiram a liderança em todos os ambientes. Ousados e independentes, eles acreditam mais em si mesmos do que nos outros. São arrogantes, impacientes e egocêntricos, bem como aventureiros, e assumem mais riscos do que quaisquer outras pessoas. Eles não temem o desconhecido e são definidos pelo termo "Eu sou".

ÁS DE OUROS

Representa a liderança do fogo interno e da paixão e proporciona boa sorte. Ele é aquele golpe que resulta em uma sorte melhor. Ele proclama uma vitória no campo dos negócios e na expansão de projetos.

DOIS DE OUROS

Anuncia uma aliança entre dois indivíduos que decidem empreender um projeto comum. O motor e o prazer de trabalhar juntos. Ele prevê sucesso e progresso econômico.

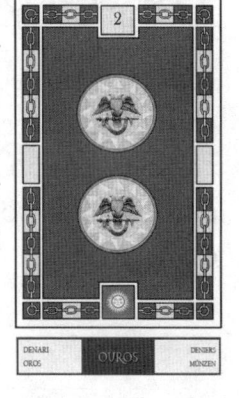

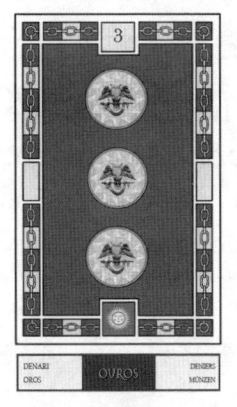

3 DE OUROS

É o fogo interno que é projetado sobre os passionais e os corajosos, capaz de orientar as ações dos outros. Ele também representa o resultado econômico.

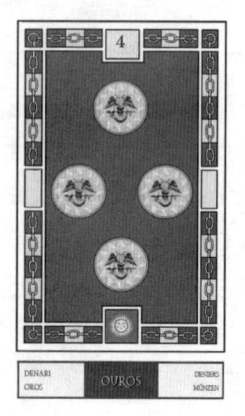

4 DE OUROS

Representa a consolidação e a expansão de um empreendimento econômico, político ou social; também anuncia o apoio e o reconhecimento da comunidade.

5 DE OUROS

Mostra a projeção social e econômica de uma tarefa comum. Também anuncia um possível conflito de egos entre indivíduos da mesma comunidade.

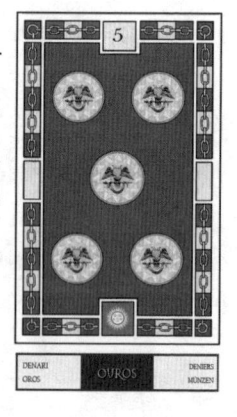

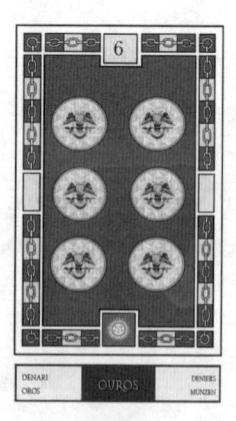

6 DE OUROS

Complementação harmoniosa de paixão em empreendedorismo. Liderança e força de convicção. Anuncia prosperidade material.

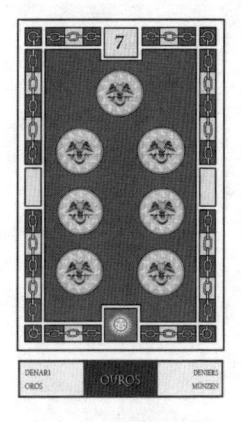

7 DE OUROS

É a paixão na ação de assumir um trabalho criativo e lucrativo. Projeção de força, riqueza e expansão.

8 DE OUROS

É o propósito interno de realizar um projeto. Prevê força e poder econômico.

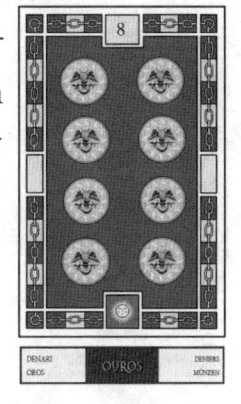

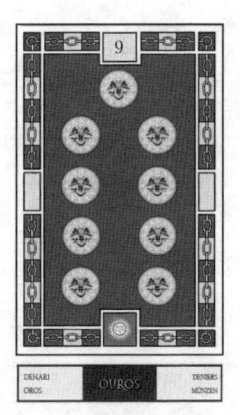

9 DE OUROS

É o poder da pedra transmutada pelo fogo que se transforma em um brilhante metal nobre. É a culminação de um período de expansão.

10 DE OUROS

É a gloriosa culminação de um processo de trabalho coletivo. Acúmulo de riqueza e expansão de fama. Luxo e poder.

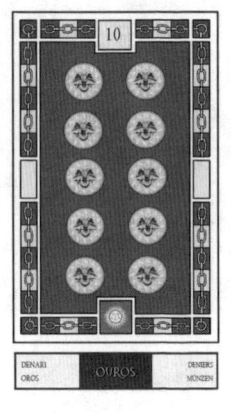

VALETE DE OUROS

Representa alegria, beleza e paixão de juventude. É o entusiasmo para empreender e implementar qualquer ideia que identifica o indivíduo.

CAVALEIRO DE OUROS

Representa o ímpeto da juventude. O herdeiro de um grupo de pessoas. Sua projeção é o mundo social e mundano.

RAINHA DE OUROS

Representa beleza, paixão e vaidade. Ela desperta a admiração dos homens e a inveja das mulheres. Ela ama a si mesma e sua vaidade torna-se uma virtude.

REI DE OUROS

Representa o poder da riqueza e o fogo interno. Ele é um líder atraente e extravagante. Também representa a vaidade e o egotismo expressado em seu estilo de vida.

AR: SIMBOLIZADO PELO NAIPE DE ESPADAS

Dentre os quatro elementos, o Ar é o único invisível e silencioso. Ele se move e invade todos os cantos sem ser notado. Os indivíduos influenciados por esse elemento vivem imersos em pensamentos. Eles são equilibrados e não estão interessados em atenção. Eles valorizam sua independência e preferem não assumir posições de liderança. Eles são conhecidos por sua agilidade mental, habilidade analítica e abstração. Também são conhecidos pela sensibilidade estética. Eles gostam do simples e fogem do mundano e chegam a tomar decisões drásticas e finais. São pessoas de honra e de valor; sentem-se superiores e agem com verticalidade.

Eles têm pouca paixão, excitação, sociabilidade ou afeto e olham com desdém para o mundo cotidiano. São indivíduos frios e distantes que gostam de entrar e sair sem assumir compromissos. Sua personalidade é definida pelo termo "Eu penso".

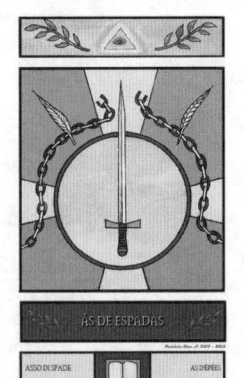

ÁS DE ESPADAS

Representa liderança no mundo das ideias. É a regra da razão. Ele impõe clareza, moralidade e retidão espiritual. Regência da Ética. Regra da Lei.

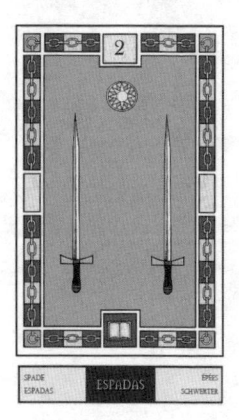

2 DE ESPADAS

Representa cooperação no campo intelectual. Eles compartilham os mesmos ideais e valores. Eles trabalham juntos em um projeto ou em uma missão comum. Os dois apoiam a mesma causa.

3 DE ESPADAS

Representa trabalho intelectual realizado por duas pessoas. Projeto para desenvolver uma ideia em uma comunidade.

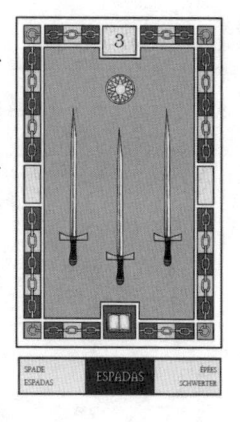

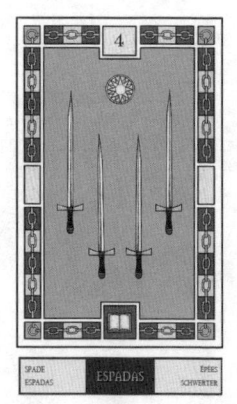

4 DE ESPADAS

Representa lealdade em compromissos de honra. Enfatiza lealdade aos valores e alianças entre indivíduos que defendem a mesma causa. Eles são os quatro guardiões do Templo.

5 DE ESPADAS

Representa a projeção do trabalho intelectual. É a consolidação de ideias na esfera social. Ele anuncia inspiração e revelação.

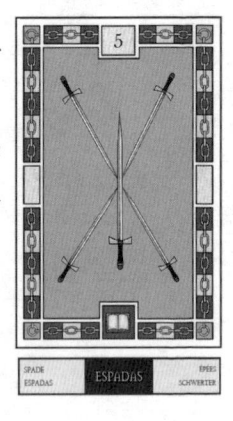

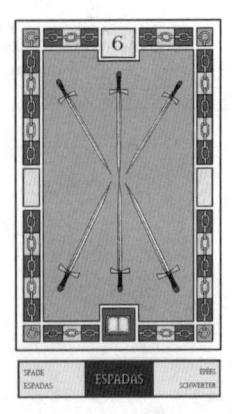

6 DE ESPADAS

Representa harmonia e equilíbrio na luta de ideias ou protege para sustentar a lei e os valores.

7 DE ESPADAS

Simboliza a perícia no campo dos pensamentos e das ideias. Ele também é a defesa dos princípios e dos valores.

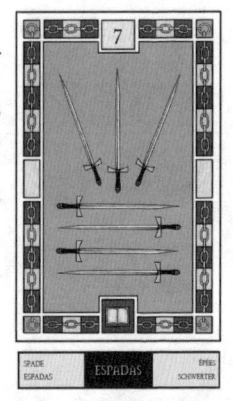

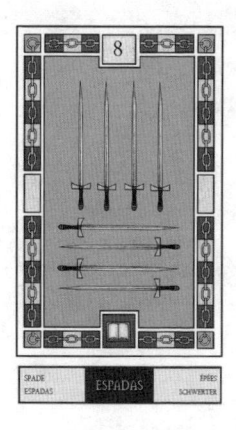

8 DE ESPADAS

Representa a habilidade para trabalhar construtivamente, mantendo o equilíbrio e a ordem.

9 DE ESPADAS

Representa os grandes mestres inspirados pelo conhecimento do oculto e fé no transcendente. É proteção e defesa.

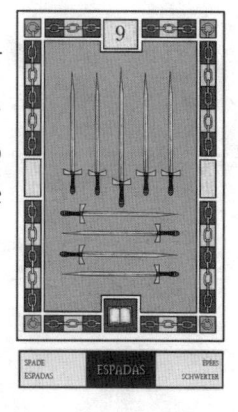

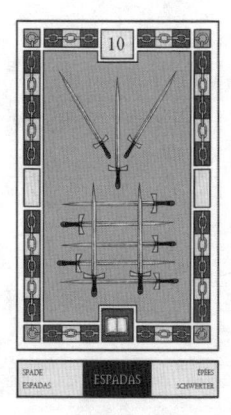

10 DE ESPADAS

Representa a multiplicação de forças agindo em defesa de uma causa comum. Representa a regra da lei e da justiça. Significa consagração e reconhecimento intelectual.

VALETE DE ESPADAS

Representa o idealismo juvenil. É a defesa dos valores e das tradições que jurou servir.

CAVALEIRO DE ESPADAS

É o mensageiro de notícias. Ele percorre as estradas com sua espada como símbolo de coragem e determinação. É um guerreiro no combate e o protetor de famílias. Ele cuida da soberania de seu império e de seus limites.

RAINHA DE ESPADAS

Representa a leveza dos princípios e do rigor da lei. Ela impõe a conduta moral e o equilíbrio justo entre os direitos e os deveres de cada um. Ela promove a preservação dos modos, da disciplina e da ordem.

REI DE ESPADAS

Representa inteligência e eloquência da palavra. Ele conhece a lei e as tradições. Sua espada é um símbolo de clareza e de separação entre o bem e o mal. Também representa determinação e coragem.

LEITURAS DE TARÔ

Estas leituras baseiam-se no esoterismo maçônico e são úteis para diferentes tipos de perguntas. Elas podem ser feitas usando apenas os Arcanos Maiores ou usando todas as cartas do baralho.

LEITURA DE APRENDIZ MAÇOM

Esta leitura, baseada no número 3, ajuda a encontrar uma resposta clara a uma pergunta específica.

O consulente deve embaralhar as cartas e, depois, colocar as mãos sobre o baralho expressando sua pergunta ou fazenda silenciosamente. O consulente então divide o baralho em três montes. O tarólogo pega os montes da esquerda para a direita, colocando o segundo monte sobre o primeiro e o terceiro sobre o segundo. Em seguida, ele puxa três cartas de cima do baralho e as coloca em cima da mesa, uma ao lado da outra, conforme apresentado na figura.

1. A primeira retrata o estado atual do consulente. Ela reflete a situação ou o problema presente.

2. A segunda carta mostra os fatores pró e contra a situação.

3. A terceira carta revela o resultado mais provável se as circunstâncias permanecerem inalteradas.

LEITURA DE COMPANHEIRO MAÇOM

Esta leitura é feita com cinco cartas, com base no número do Companheiro.

O consulente divide o baralho em cinco montes e os deixa enfileirados em cima da mesa. Da esquerda para a direita, o consulente puxa a primeira carta de cada grupo de cartas, colocando-as com a face para baixo, conforme apresentado na figura. Quatro cartas são colocadas nos pontos cardeais, de acordo com o plano de um Templo maçônico. A quinta carta, no centro, representa o altar do Templo maçônico.

Vire as cartas, uma de cada vez. O significado das cartas, com base na localização de cada uma, é o seguinte:

1. Oeste – Sala dos Passos Perdidos: Esta carta representa o mundo obscuro e profano. Ela mostra os elementos desfavoráveis ou aqueles que são contrários a uma solução desejável para o problema.

2. Norte – Aprendiz: Esta carta representa inocência. Ela reflete o consulente e sua pergunta.

3. Sul – Companheiro: Esta carta representa o valor da camaradagem e da solidariedade. Mostra os fatores positivos e favoráveis a uma solução do problema na forma desejada.

4. Leste – Mestre: Esta carta representa a luz e o julgamento. Mostra o mais provável resultado da leitura; o que acontecerá se todos seguirem o mesmo caminho.

5. Centro – Altar: Esta carta representa o Conselho. Ela revela o surgimento do caminho adiante para o consulente, o caminho para o sucesso da questão.

LEITURA DE MESTRE MAÇOM

Esta é uma leitura de sete cartas, com base no número do Mestre Maçom.

O consulente embaralha as cartas e concentra sua mente no assunto a respeito do qual ele deseja orientação.

Depois, ele entrega o baralho para o adivinho, que divide as cartas em sete montes para, em seguida, recolocá-los juntos, um sobre o outro, da esquerda para a direita. O adivinho coloca o baralho com a face para baixo, à frente do consulente, que puxa sete cartas, colocando-as com a face para baixo no padrão apresentado na figura. Leia as cartas, uma de cada vez, da seguinte forma:

1. Carta do Iniciado: Representa o Consulente e sua pergunta.

2. Carta do Segundo Vigilante: Mostra a energia ou fatores favoráveis para o solução do problema apresentado pela pergunta do consulente.

3. Carta do Primeiro Vigilante: Reflete as energias obscuras que estão operando contra o consulente e sua pergunta.

4. Carta do Orador: Ela oferece um conselho a ser seguido para conseguir a solução do problema.

5. Carta do Secretário: Representa os fatores mais recentes que afetam o consulente e sua pergunta.

6. Carta do Venerável Mestre: Ela oferece o julgamento ou a resposta à pergunta do consulente.

7. Carta do Altar: Reflete ou representa a energia no ambiente.

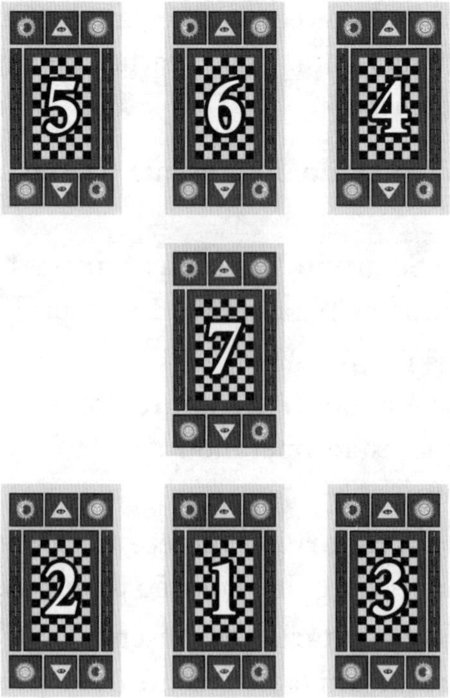
5
6
4
7
2
1
3

GLOSSÁRIO DE CONCEITOS E SÍMBOLOS MAÇÔNICOS

No mundo maçônico, o simbolismo é a base do conhecimento transmitido de geração para geração. Ele está presente nos rituais, na organização de uma Loja e na decoração do Templo. Os símbolos que identificam a Maçonaria foram coletados de muitas tradições e culturas antigas, mas a maioria se baseia na tradição judaico-cristã.

Os símbolos associados à arte da construção tiveram sua origem no mundo medieval. Tomados como modelo para a união espiritual, os construtores e suas ferramentas são vistos como símbolo de virtude. Dentre as ferramentas, as mais conhecidas são o esquadro, o compasso, a régua de 24 polegadas, o maço, o cinzel, o prumo, o nível, a pedra cúbica e a pedra bruta.

Para melhor compreender o simbolismo maçônico do Tarô, apresentamos a seguir um breve glossário desses símbolos e conceitos.

Acácia: Representa maestria. Ela faz alusão à morte do Mestre Hiram Abiff. A lenda bíblica reza que, quando o construtor do Templo de Salomão foi assassinado, seus algozes esconderam seu corpo no topo de uma colina e, para marcar o local exato de seu enterro, eles plantaram um ramo de acácia.

Avental: Usado pelos antigos pedreiros para proteger seus corpos dos estilhaços de pedra. Evocando o trabalho desses construtores, os maçons modernos usam o avental como distintivo do Grau que ocupam em uma Loja.

B e J: Colunas colocadas na entrada de todos os Templos maçônicos. A Coluna à esquerda é marcada com a letra B. Ao seu lado estão os assentos nos quais os Aprendizes devem sentar-se. A Coluna da direita é marcada com a letra J e sinaliza o local onde os Companheiros se sentam.

Cadeia de União Fraternal: É uma corrente que representa a fraternidade universal. Cada Irmão é um elo dessa corrente. Quando um Irmão morre, a expressão é que a corrente foi quebrada e um elo foi perdido.

GLOSSÁRIO DE CONCEITOS E SÍMBOLOS MAÇÔNICOS

Cinzel: Ferramenta usada com o maço para lapidar a pedra bruta, símbolo das imperfeições da personalidade. Ele representa a inteligência com a qual o Aprendiz deve trabalhar para se aperfeiçoar. Trabalho a ser feito com discrição e prudência.

Caixão: A morte mística simboliza que o Neófito deve morrer a fim de renascer para uma vida de maior refinamento e elevação moral.

Compasso: Ferramenta simbólica da harmonia, da perfeição e da espiritualidade. O esquadro está para a materialidade assim como o compasso está para a espiritualidade.

Delta Sagrado: Um triângulo equilátero dentro do qual há um olho. É o símbolo da divindade, da sabedoria e da luz. O olho dentro do triângulo simboliza O Olho que Tudo Vê.

Escada: Representa a conexão que deve existir entre o céu e a terra. Também simboliza a ascensão e a elevação da consciência para os maçons que, em sua evolução, irão se juntar à espiritualidade suprema, geralmente representada pela figura do Delta Sagrado.

Esquadro: O símbolo da retidão maçônica. O esquadro também é a joia portada pelo Venerável Mestre e representa sua obrigação de ser íntegro e imparcial em seus julgamentos e ser um exemplo para todos em seus costumes.

Letra G: Situada na parte leste do Templo, ela simboliza o Grande Arquiteto do Universo, a maneira pela qual os maçons representam qualquer noção de Deus ou de Poder Superior. Também é a declaração de que a geometria é a mais altamente considerada e perfeita dentre as artes, além de ser a inicial de "Gnose", que significa conhecimento.

Livro das Sagradas Escrituras: É um livro simbólico que representa sabedoria e, geralmente, é apresentado com suas páginas abertas. É localizado sobre uma mesa ou altar dentro do Templo. No início das Sessões rituais de uma Loja, o livro deve ser sempre aberto e o esquadro e o compasso colocados sobre ele.

Maço: Também representado por um "martelo" que é usado com o cinzel no trabalho de cortar pedras. Na Maçonaria, ele representa a vontade e a tenacidade no trabalho, e simboliza o trabalho que todos devem fazer como *Irmãos*, a fim de aparar as arestas de imperfeições da personalidade. O maço é a virtude que ensina como suportar e tolerar as adversidades com coragem e energia.

Malhete: Simboliza a autoridade e é usado por aqueles que dirigem uma Sessão maçônica, tal como o Venerável Mestre e cada um dos dois Vigilantes quando estão dirigindo suas respectivas Colunas.

Nível: Ferramenta cuja função é fazer com que o horizonte seja perfeitamente nivelado. Ele define simbolicamente a estabilidade, a igualdade e o companheirismo. É a ferramenta simbólica dos Companheiros. O Primeiro Vigilante porta-o em seu colar.

Pavimento Mosaico: Todos os Templos maçônicos têm um piso mosaico composto de quadrados brancos e pretos, simbolizando a dualidade entre o bem e o mal, a luz e a escuridão, o dia e a noite, que constituem a vida do homem.

Pedestal: Altar no centro de todos os Templos maçônicos. É o local onde é colocado o Livro das Sagradas Escrituras e, sobre o livro, o esquadro e o compasso.

Pedra Cúbica: O símbolo da perfeição. Resultado de um trabalho bem-feito. A pedra cúbica, por seu formato perfeito, serve de cunha para que, com outras, uma parede sólida possa ser construída.

Prumo: Ferramenta para medir a correta posição vertical de uma viga ou de uma parede. Para um maçom, ele é símbolo da retidão. O prumo é uma ferramenta simbólica do Aprendiz e é portado pelo Primeiro Vigilante em seu colar.

Régua de 24 Polegadas: Representa a medida exata das coisas e da organização do tempo. Vinte e quatro horas devem ser divididas em três sessões de oito horas: uma para trabalhar, uma para descansar e uma para cultivar a fraternidade e praticar a caridade.

Sol e Lua: Os dois são elementos sempre presentes nos Templos maçônicos, bem como nas figuras do tarô. Eles representam o dia e a noite. O dia simbólico, durante o qual os maçons devem trabalhar "do meio-dia à meia-noite".

Taça da Amargura: A taça que é dada para beber a amarga mistura, a fim de simbolizar a amargura da vida. Ela é o símbolo da água e do sangue, que representam o valor da nobreza.

Trolha: A ferramenta simbólica que representa a tolerância e a paciência que devem guiar o maçom em todas as circunstâncias. A habilidade de superar adversidades, alinhar pensamentos e reaproximar pessoas conflitadas.

ANOTAÇÕES

ENGLISH

THE MASONIC TAROT
Arcana of Royal Art

This work was created by the Chilean artist and researcher Patricio Diaz Silva between 2010 and 2014. Based on his studies of Masonic symbolism and taking as models the arcana of the tarot, he imagined a synthesis to show the integration and interaction between the two systems of self-knowledge. The structure of this tarot organizes the deck in 22 Major Arcana cards and 56 Minor Arcana cards and is based on the four elements of alchemy: Earth, Water, Fire, and Air.

EARTH . Represented by the mallet. A tool with which the Masons symbolize work on stone, which is the hard layer of the earth.

WAT ER. Represented by the chalice. It is the container of blood or wine and represents the world of emotions.

FIRE. Represented by gold. This metal reaches its beauty and purification by the action of fire.

AIR. Represented by the sword. It symbolizes thoughts and ideas.

The symbolism of the tarot can be recognized in various facets of Masonic ritual and symbols. One is the Masonic initiation ceremony. This is a ritual in which a man or woman, blindfolded, is led into the temple and made to go through various tests of symbolic purification associated with the four alchemical elements. Then he or she presents his/her oath and is given a symbolic representation of the light of consciousness that becomes clear after leaving behind ignorance that surrounds the so-called secular world. After purification and acceptance he or she becomes an Apprentice.

In the first stage of the ceremony, the blindfolded candidate is placed in a dark room, dimly lit by a candle. Confinement in that chamber puts the person in touch with the Earth element. Isolation and silence leads him to reflect on himself.

Then he is taken from the premises and conducted to the temple where he has to make what are called the Three Journeys of Mystery, which are symbolic experiences of contact and purification through the other three elements.

The first of the mysterious journeys starts when the Worshipful Master, who presides over the ceremony, loudly orders, *"Take the candidate to his first mysterious journey to be purified by Water."* Then two officers lead the candidate inside the temple and stop in front of a bowl of water. They assist the person to dip his hands to symbolize the effect of ritual purification by water, then he is returned to the starting point. Once there, he again hears the voice of the Worshipful Master, who exclaims, *"Take the candidate to his second mysterious journey to be purified by Air."*

Always accompanied by the official, the candidate walks to each of the four corners of the temple, and while he does so, the brothers make noise by wielding their swords together as if it were a battle. Swords are symbolic representations of Air. Next, the Worshipful Master proclaims that the candidate must make his third mystery journey to be purified by Fire. The candidate is walked to a point near the scales of the Worshipful Master and put in front of a small pot containing fire.

The official assistants run the hands of the candidate over the tongues of fire to symbolize purification through this element.

The four alchemical elements and corresponding astrological symbols also appear at other times of initiation. When the candidate is made to drink a concoction called the "cup of bitterness" he or she is being put in contact with the element of Water in the glass. The bitter water symbolizes a purging of the emotions and represents the troubles of life.

During the ceremony, the recipient kneels before the altar where an open Bible is placed. At that time, he is asked to put one hand on the book while his other hand holds a compass with split ends on his chest, obliging him to pronounce his oath. After the inauguration, the Worshipful Master raises his sword and his two guards cross swords at a point over the candidate's head, forming a "Vault of Steel" as the masons call it. In this evocative act of a feudal investiture ceremony – in which a king appointed a vassal knight – the sword being used has invoked the presence of the powers of Air. In the same place and position, the Worshipful Master asks the candidate, "What do you want most right now?" and he responds, "To see the light." Instantly the Worshipful Master removes the blindfold and the candidate makes contact with the light glowing from the fire.

Finally the candidate is given the symbolic tools: the mallet, the chisel, the level, and the apron, and is thus symbolically put in contact with Earth. With these tools in his hands, the initiate can work on stone and learn the art of building.

The presence of stones in the Masonic temple are symbols of the Earth, and the lights are representative of Fire.

MAJOR ARCANA

Among the Major Arcana, there are female cards and male cards; day cards and night cards; positive cards and negative cards; active cards and passive cards. These classifications are made by taking into account the energy or the value represented in each of these mysteries. They are briefly noted at the end of each card's description.

THE FOOL

This is the card without a number that is outside the system. The Fool wanders outside any order, unless he decides to get into the system to mimic and impersonate another arcana. He could take any position within the pack and play a role, even if for him it is only a circumstantial and transitory game. His essence is marginality.

The Fool is an imaginative, creative, avant-garde that breaks the mold. He is not insane or mentally disabled. He is a lucid being who has the ability to see what others never see. His original perspective makes him a unique person. He can be the comedian of the party – the most irreverent, the boldest, the most risky, and even sometimes the most reckless. When being sarcastic the sharpness of his comments are his weapon, and therefore the powerful prefer to have him as a friend and will provide protection. He has problems with those representing power, authority, laws, bureaucracy, order, system, and traditions. He will laugh at those who live tied to their material goods and social hierarchies. He will laugh at those who live enslaved by work, subjugated by the regulations and tied to the family. He only cares about what is essential, the spirit of things.

In the Masonic Tarot the Fool is dressed as a mountebank or charlatan. On his hat is the symbol of infinity and a headdress of three feathers. A sack over his shoulder bears his unique material belongings. In his left hand he holds a compass and in his right he wields a staff with rattles to attract attention and gather people for whom he will perform a show. He walks on a beach with the intention of addressing a fragile vessel with sails. His feet tread on a sprig of acacia, symbol of immortality. Behind him is a dog biting his heels. In some tarot decks, the dog represents the vulgar profane world, but in other decks, it is interpreted as a symbol of faithful company. In the background we see a vast sea at sunset. Beside the setting sun is a bird in flight and a symbol of the lucky star that protects the mad and saves all from imprudence.

Arcane classifications: Female, night
Element: Water
Vital projection: Emotion

I THE MAGICIAN

This card represents creativity, ingenuity, cunning, intelligence, and audacity. The Magician has the power of the artist, scientist, inventor, and innovator. He is the alchemist. He knows the elements and their properties and knows combinations to make a new and unexpected product. By learning the secrets of transmutation he brings forth the rough stone gold. The Magician wins convincingly through his playful and creative nature.

In this deck, the Magician appears in a dark suit and a top hat with the symbol of infinity. His clothing is that of a Master Mason: apron, collar, and cuffs. He stands in front of a table covered with a purple cloth – the color of transmutation. On this, there is the mallet, the sword, and a cubical stone that symbolizes the perfection to which every Mason aspires. The product of their work is represented by the cornucopia filled with gold coins. He is running a spell to transfer the energy of ether to his compass and his other hand is attempting to magnetize the liquid in the chalice. The compass touches some branches of acacia, symbolizing immortality, wisdom, and the Earth element. On a wall there is a bottle containing a liquid as a symbol of the blood of the alchemists. The yellow background of the picture makes reference to gold and the sunset. Behind the figure is a ball of light with which the concept is symbolized to all. Above is the bright Sacred Delta with the all-seeing eye. Below is a garden with plants and flowers, including a four-leaf clover.

The framework is composed of the two columns of the Masonic Lodge, marked with the letters B and J and supporting an arch showing the sun, moon, and stars, representing the cycles of time, day and night, the passage of hours. This symbolizes the working cycle in a Lodge: "From noon to midnight."

Arcane classifications: Male, day
Element: Fire, symbolized by gold
Vital projection: Action

II THE HIGH PRIESTESS

This card represents the silent power of the feminine world. The High Priestess is endowed with sensitivity and intuition and has the ability to see the greater good through the eyes of the heart. She sees the horizon of the future, both the setting sun sinking into the water and the glow of dawn. Woman is the muse who inspires the artist and guides the lost; she heals the wounds of the warrior. She heals the sick, comforts the fallen, and cares for the elderly.

The High Priestess is the mother who protects the child, grows flowers in her garden, and kneads bread which when baked she carries and serves at the table of her home.

The High Priestess is the matriarch of the tribe. Prudent and reserved, she never says everything she knows, neither does she express everything she feels. Her words and gestures are minimal and given as subtle signals only for the intelligent and perceptive person.

The High Priestess seduces through her presence.

Her subtle fragrance pervades environments, silently leaving an aura that bends pride and invites followers. She is the mirror of the moon and the cup containing the flashes of the stars. She understands universal secrets and can read the patterns of time. She is the wisdom of the night and the light for the traveler.

The card shows us the High Priestess seated on her throne with the great Book of Life. Her delicate white dress symbolizes purity and elegance. This harmonizes with the fabric veils falling from the bar. The veil is a symbol of wisdom that is only revealed by hints. Before her is a table covered with a red cloth on which stands a compass and a scroll containing astrological knowledge. There is also a cup containing the noble blood of the Passion. Opposite it is a small container of smoking incense and a sprig of seven acacia leaves. Behind the throne an illuminated night sky is shown and the Sacred Delta with the all-seeing eye. Beside the table are the columns of the temple. Above, three branches of acacia on each side reiterate the symbolism of wisdom.

Arcane classifications: Female, night
Element: Water, symbolized by the cup
Vital projection: Emotion and silence

III THE EMPRESS

Unlike the High Priestess, whose sovereignty is over the inner world, the Empress governs and shines in the eyes of the outer world, drawing attention rather than being secretive. Her voice is heard in commanding tones: "I could never be ignored and must always be respected in the social rank."

The Empress is brightness that dazzles. She is a seductive woman who men want to serve. She represents wealth and ostentation. She represents the power of her lineage, economic progress, and expansion of her territory. She is a leader and authority who gives categorical judgments and holds firm positions. She governs and protects her people with the same force, facing enemies without hesitation. She leads with elegance and security. She appreciates orderliness – for her, nothing should be confusing or ambiguous.

She cares about how wealth is gained, and she requires respect for the procedures, traditions, and hierarchies. Her actions are thoughtful and precise, not carried away by impulses. The Empress is a strategist and diplomat who always brings intelligence to emotion. In the card she is sitting on her throne wearing a white dress. Her bulging belly is a detail present in many tarot decks, and is usually interpreted as fertility, conception, or generation. It is also interpreted as representing a hidden treasure, a good fortune to appear with her. It does not refer only to the conception of a biological child.

The Empress raises her right hand wielding a sledgehammer as a symbol of her authority. A golden crown on her head shows the sacred triangle. Her left hand holds a shield with the double eagle of her government and hierarchy. She wears a Masonic apron that covers her lap. The throne is framed by columns bearing the letters B and J, which are found throughout the Masonic temple.

Arcane classifications: Female, day
Element: Earth
Vital projection: Stability and progress

IV THE EMPEROR

The Emperor rules over the earth and men. His power lies in the strength of his armies and the gold of his kingdom. More than a mortal and yet perishable and prone to human weaknesses, the Emperor is the institutionalization of the ruling power. The power subdues the man and makes him lose himself. Around every ruler there is always an entourage of courtiers who make up the party and participate in the banquet. Amid the crowd there are also cheering sycophants who clear their path.

In the card we see the Emperor standing in throne room with decorated walls of a Grand Master Mason. He wears a dark suit and a blue wing-shaped cloak. His hair and beard are gray, and his face looks mature. In his right hand he holds the mallet in an attitude of authority, while in the other he raises a golden square, symbol of Masonic righteousness and the tool with which he has to measure all Masons of his empire. Near the square we see a rising sword touching its tip with one that comes from the back to form a "Vault of Steel" over the head of the Grand Master.

Lighting the sky background are seven lights flashing their rays. The largest of them corresponds to the sun and is located right on a golden column, symbolic of the wisdom of Solomon. In the shaft of the pilaster, a flaming sword point toward the sun. The floor of the dais is covered by a red carpet, the color of royalty and blood.

The yellow borders of the card bear ornamentation composed of squares and branches of acacia on both sides. At the top there are two letters annotated with Masonic abbreviations – G∴ and L∴ – meaning "Grand Lodge." In the four corners there are gold coins with the imperial Sphinx. The number four means stability and materiality. It is the necessary foundation for the building and is the regular face of all cubic stone, on which the solidity of the temple is based.

Arcane classifications: Male, day
Element: Fire, symbolized by gold
Vital projection: Action and authority

V THE HIGH PRIEST

The High Priest is the highest spiritual authority in a moral or spiritual organization. Although Freemasonry is a brotherhood in which prevails an agnostic vision of transcendence, the vision of a superior being and creator is called by the title of Great Architect of the Universe. The creation of the universe is also linked to the Master Hiram, who appears in the Bible as responsible for building the Temple of Solomon.

The High Priest is a man detached from material things and ambitions of the human ego. He lives closer to the stars than to the earth. He is aware that he will soon leave the underworld. His gaze is oriented toward transcendence. Still, he feels a moral duty to pass on his experience to his disciples. In some tarot decks, the High Priest (or Hierophant) is surrounded by disciples to whom he is imparting his teachings. He represents spiritual maturity and kindness.

In the card we see the High Priest as an old man, with grizzled hair and beard. He seems to be an astrologer or magician able to summon the powers of the universe. His dress resembles that worn by the highest executive of the Scottish

Rite of Freemasonry, honored with the title Sovereign Grand Commander. Clad in a white robe and purple cloak, he wears a red collar with gold edges and a smock or apron emblazoned with the distinctive double-headed eagle of the Freemasons. His right hand holds a compass, their ends projecting into the sky. Before him is a cubic stone on which is placed the Book of the Sacred Law.

In the background, the night sky is lit by 33 stars and in the center shines the Sacred Delta with the eye in the center. At the top, two medallions are marked with the letter G, which stands for the concept of "gnosis" (knowledge), but is also understood as the abbreviation of the name of the "Great Geometer of the Universe."

Arcane classifications: Male, night
Element: Air, symbolized by the sword
Vital projection: Transcendental thought

VI THE LOVERS

The Lovers represent love, determination, and loyalty to a transcendent solemn commitment. In the card we see a pair of lovers swear their union within a Masonic temple in which columns, chains, and other symbolic elements are shown. The scene is inspired by the Masonic tradition of enshrining the conjugal union through the rite of ratification or consecration marriage. It also represents the consecration performed to join Freemasonry.

The Lovers in this card are an apprentice, dressed in a fresh white apron decorated with the symbol of the First Degree of Freemasonry, and a lady in a purple dress with the pattern of a master. Both appear with eyes closed in an act of reverent submission and deliverance. Facing them, on the red surface of the altar, is the Book of the Sacred Law with its open white pages, and a red rose, a symbol of love.

Behind the Lovers, on columns, is a frieze bearing within it the Chain of Fraternal Union. The columns are different in style: Behind the lady is the Ionic column, which refers to the feminine form. Behind the man is the Doric column, symbolizing masculine force. Between the columns the triangle with the eye observes their purity of heart and commitment. In heaven, the moon (female) and the sun (male) symbolize the passing of days and nights. This card reflects the inner world, feelings, and commitments.

Arcane classifications: Female, night
Element: Water, symbolized by the cup
Vital projection: Emotion

VII THE CHARIOT

The Chariot represents action, force, motion, and direction. This arcana directs success, power, travel, buildup of confrontation, and social position. It also announces the solution of problems and shows the forces that are opposed and need to be united in one direction. The horses represent the duality of instincts and emotions. The driver is the higher consciousness, intelligence; reason has to discipline the forces to lead man decisively toward a specific goal or objective.

In the card we see the advance of a chariot drawn by two horses, one white and one brown. If the divergence of the two is maintained, the force is canceled and the chariot will not progress and may even be destroyed. The driver, dressed in black with Masonic decoration, clutches a mallet in one hand as a symbol of authority, while the other holds the reins of the steeds. He is the representation of the Worshipful Master trying to drive the progress of his Lodge. The trappings of the white horse show a plummet, representing Apprentices; the trappings of the brown horse show a level, representing Fellows. The duty of the leader of a Lodge is to add strength and direction to the energy of advancement.

This card is the number of perfection and the Masonic degree. Seven is the most positive number of all. It is never negative. In all philosophies and religions it has a similar connotation.

Arcane classifications: Male, day
Element: Fire, symbolized by gold
Vital projection: Action and strength

VIII STRENGTH

The Strength card represents the power of the will. It is the abilities of domination, action, and temperance. It is the sovereignty of the higher consciousness over instinct, brute force, and the inertia of things. Strength brings courage and warrior-will to face the challenges imposed on us by forces of the profane world. It represents the fatiguing work of taking on those challenges. In most tarot decks, this card is represented by a woman opening or closing the jaws of a lion. The lion represents the animal instinct, the strength of the lower passions, and the woman represents the power of wisdom and beauty that is imposed on the beast.

The Masonic Tarot identifies the topic of force with the teachings of the Second Degree of Freemasonry and the task of building as an allegory of the construction of the Temple of Solomon. Here a group of workers has joined forces to lift a heavy stone cube using a pulley at the top of a tripod. The three workers appear dressed in fellows' aprons. On another block of stone rest the tools of the respective grade. The right fluted column is marked with the letter J and the figure of a level is shown.

In heaven, there is a ladder with five steps ending in a sphere, and in the center the letter G is inscribed. This is taken from the biblical legend of Jacob's dream of a ladder leading to the sky. The number 8 corresponds to the points of a cubic stone, which is the basis of building materials.

Arcane classifications: Male, day
Element: Earth, symbolized by the mallet
Vital projection: Work

IX THE HERMIT

This card represents the removal of worldly concerns to find the Hermit and receive enlightenment. It is the final journey to the inner world, a lonely journey into silence and the dark night of the soul. In a sense, this card symbolizes the twilight of life. It announces the abandonment of a stage of earthly life or a project or work that has consumed a significant portion of time. In numerology, 9 is associated with performing a great work throughout life; the number 9 is 3 times 3.

In this card we see an old man walking up the mountainside in a slow ascent to the summit, where a temple of astral light holds the real secrets of the soul. The Hermit with his long beard is dressed in a simple white robe, symbol of purity, and a garnet-red robe, the color of wisdom. His left hand grasps a staff that serves to support his frail and tired body. In his other hand he holds a lamp as a symbol of his inner light.

The broad sky and magical night giving the card atmosphere are illuminated by the Sacred Delta with an eye in the center, a symbol of the hidden wisdom of Master Hiram, and the nine stars that correspond to the number of this card.

The card borders show other symbols associated with the mastery of a Mason: the compass, the square, and the branches of acacia.

Arcane classifications: Female, night
Element: Air, symbolized by the sword
Vital projection: Thoughts

X THE WHEEL OF FORTUNE

The Wheel of Fortune represents sudden changes. It refers to unexpected events that at any moment may alter the order of a person or environment. Although the card is named Wheel of Fortune, it is not only about understanding changes in the economy. Nature goes through cycles such as day and night, and the succession of the seasons. Cycles of the movement of the stars influence people in one way or another. According to the context in which the card appears, it may mean the advent of fortune or the loss of it. The wheel turns to the right going up and sinks by turning to the left.

In the Masonic Tarot, an astrological chart shows a wheel in the center guided by the sun. The inside ring shows four divisions with the four suits of the deck; gold, sword, chalice, and mallet. In the outer ring 12 divisions show the 12 zodiac signs. The order of this zodiac wheel is right to left to right – the same as the zodiacal signs that are posted in all Masonic temples of the world. Its direction is contrary to the pointers of the clock.

In the right pane are allusions to the new day, upward movement, and prosperity, while on the left are symbols representing night, decline, and death. On the right is a rising sequence of a chalice filled with blood, symbol of life, followed by six gold coins whose peak is marked by a radiant sun, expressing the fullness of that cycle. On the left there is a falling sequence of a waning moon, six silver coins, and below, a human skull in a niche as an expression of death. Between the skull and the chalice is a glass mosaic pavement which represents good and evil, light and darkness, day and night – the duality of life.

Arcane classifications: Male, day
Element: Fire, symbolized by gold
Vital projection: Action

XI JUSTICE

Justice represents the rebalancing of things, the perfect order, cleanliness, determination, sobriety, austerity, and clarity. It is contrary to subjectivity, ambiguity, or uncertainty. Justice is more an act of momentous consequence than a process in either direction.

Justice is the constant and perpetual will to give everyone his due. Its rulings are projected over time. Justice makes her considered decisions in the still hours of the night. No pressure is allowed by the plight and circumstances, but slow procedure can cause anxiety for an innocent and abet a culprit.

The Lady Justice on the card sits on her throne with her eyes blindfolded and wearing a purple dress with Masonic decoration. In her hand she holds a sword upright that, when the time comes, is used to cut the chains that oppress the innocent or curtail the basis on which the culprit is based.

Her other hand holds a golden scale with two dishes in a balanced position, where she weighs both guilt and innocence. Her throne is framed by two columns. At the foot of one of them are the square and compass, on the other the symbol displayed is the Rose Cross.

The top of the arch shows the symbol of the Sacred Delta with an eye at the center. The stone material surrounding Justice represents the solidity and permanence of the value she embodies.

As part of a consultation, this card portends absolute definitions to situations that are on hold. It means determination of punishment for the guilty and compensation for the innocent. This may be a court case or the resolution of a conflict.

Justice, despite being symbolized by a woman, is a man's card. Decisive action toward his relentless mission is able to mark a before and after in the life of a person. The symbol of the sword also has a manly character.

Arcane classifications: Male, day
Element: Air, symbolized by the sword
Vital projection: Thought and relentless determination

XII THE HANGED MAN

This card represents dependence, submission, and lack of freedom. It is inaction, castration, the temporary cancellation of all its capabilities. The Hanged Man is a prisoner of external circumstances and the will of others. He is subjugated, exposed to humiliation, and depreciated. His survival depends on others, who go off and give him the opportunity to stand up again. Only then could he regain his natural movements and dignity. But as it happens, the hours and time elapse slowly to immerse him in the sleep of death.

This card predicts ruin, humiliation, castration, prison, misfortune. The only positive aspect attributed to this arcana is the idea that the submission of the Hanged Man could be a voluntary act, an act of giving, sacrifice, sustained confidence in faith and love. As the religious renounces his sexuality and has a life free of attachments in order to gain heaven; or as a husband and wife give up their freedom for a pact of fidelity, the Hanged Man's self-denial is given in pursuit of a value or higher ideal. In this sense, the card could represent humility, surrender, chastity, altruism, moral discipline, and spiritual penance.

In the card we see a man hanging by a foot. He wears the white dress and apron of an Apprentice. His intertwined legs recall the position to be taken by the candidate during initiation when he offers his oath before the altar of the Lodge. The initiation ceremony is an act of surrender and submission. The setting of the card corresponds to a Masonic temple.

In most tarot decks, the Hanged Man appears supported on a beam that rests on two trees with mutilated limbs, details which are interpreted as a symbol of castration. In this case, the trees are replaced by columns.

Arcane classifications: Female, night
Element: Air, symbolized by the Sword of Damocles
Vital projection: Thoughts, stillness, waiting

XIII DEATH

The Death card represents explicitly physical death. Yet its meaning is broader and also represents the absolute culmination of a process or existence. This card predicts radical changes in the life of a person and also changes of far-reaching consequences.

The subject of death is repeatedly present in Masonic symbolism. Initiation ceremonies are an allegory of death – death of the profane and the birth of the initiated. The founding myth of Freemasonry is the legend of the death of Master Hiram Abiff, builder of the legendary Temple of Solomon. When the Master Hiram was building the temple commissioned by King Solomon, he organized his workers in three groups according to their level of experience in the art of building: learners, peers, and the teacher. Among the peers were three ambitious men who, eager for power and vanity, wanted to take the knowledge from the teacher. One night the teacher was kidnapped and tortured, and when he did not reveal his secrets, they killed him. They took his body to thetop of a hill and buried him, then planted over thegrave a sprig of acacia. This is the theme representedin this card. In the center we see a red fireniche containing a black coffin within which is a human skull. About this coffin fall acacia leaves.

Above the window is the symbolic Sacred Delta – the place where the teacher hid the secrets of his sacred science. The grave is in the middle of a stone wall half-built and flanked by two columns. At the top of the hill, visible in the background, is the sprig of acacia. The night sky shows a star and moon.

The card's frame shows the chain, symbol of fraternal union that represents the unity of all the brothers. When a Mason dies, he is said to have broken that iron chain; in one of the details at the bottom of the card, the cut link can be perceived.

Arcane classifications: Female, night
Element: Earth
Vital projection: Death, the end of a cycle

XIV TEMPERANCE

This is the card of patience, waiting, ripening. It represents the inner work, contemplation of emotions, self-control to achieve balance, moderation, and transmutation of bad feelings for those inspired by love and charity. Strong feelings are like blood – fluid that moves inside the body, awakening inactive areas and creating new levels of consciousness. Thus, the understanding of our mind expands. It strengthens the character and the heart becomes kinder.

This card depicts a woman who is transferring a liquid from one cup to another. The liquid corresponds to blood, representing emotions that go from a silver cup to gold, transmuting from cold to hot. The transition from silver to gold symbolizes the alchemical evolution. The lady with her white garment represents purity. Her clothes are wet, symbolizing a bath, cleansing the body by water, and purification by emotions. Her garment is decorated with a Fellow's Masonic apron. Her left foot – the emotional side of the body – rests on a cubic stone block that is in the water. The cubic stone is a symbol of reason not only for the hardness of the stone, but also because of its geometric shape. Her other foot, low in the flowing water, represents emotions that pass and pass again. The surrounding countryside is fed by the waters of a river coming down from the mountain. Beside it three flowering irises and a tree stand as symbols of life.

The scene takes place at dawn. In heaven some stars are displayed and on the horizon the light of a new day is announced. It is the harbinger of good weather to come as a result of inner work. In the bright sky background the Sacred Delta is displayed. The ladder to heaven is the vision Jacob disclosed to his colleagues, and is one of the lessons of this degree.

Arcane classifications: Female, night
Element: Water
Vital projection: Emotion

XV THE DEVIL

The Devil is the symbol of the infernal darkness. He is the archetype of domination and punishment, whose vain and perverse personality demands veneration.

This card represents the initiation test to dive into the realm of darkness and return to the light and air. Wisdom and temperance are only achieved after passing through and defeating the kingdom of darkness.

The card shows us a dark and demonic being installed on a throne which evokes the seat of a Worshipful Master. With his right hand he raises a mallet as a symbol of authority, while his left hand holds a torch which burns the acacia, symbol of a wise Master Mason. His back is covered with a mantle that resembles the wings of a bat. Behind him is a spider web that he weaves every night to catch his victims and also to climb to the heights and corners of power.

There are two characters tied to the Devil by chains locked around their necks. In the context of a Lodge, these could represent the columns of Apprentices and Fellows respectively. The left, nearly naked, shows his venomous tongue, which is the weapon of intrigue and slander. He is the man walking the corridors spreading adulation about his master and infamies about who poses a threat. The message of intrigue is reinforced by the symbol of snakes running through the edge of the box. On the left column we see a lizard crawling upward, symbol of a servile and cringing man looking to easily rise. At the top is perched a black vulture, which symbolizes the ambition of the scavenger.

The right is the bureaucrat, who through his prim appearance works more sophisticated operations to strengthen the rule of his master. This is the symbol of the apparent, the external, formal, and hypocritical conservatism. The formal bureaucrat overcomes the spirit and surrenders freedom for obedience. His white-gloved hand holds a note on which is written the name and the sentence of an enemy. Behind him is his column with two symbolic animals: a bat representing the world of infectious inner darkness; and a mandrill, representing the ambition of those who jump constantly looking for higher positions. Hellfire is displayed in the background. Under the throne are seven steps on which are inscribed the "Seven Deadly Sins of a Lodge." They are: lies, anger, greed, betrayal, conspiracy, intolerance, and sectarianism. These are the sins against which all must fight to avoid being possessed by the kingdom of darkness, the kingdom of the Devil.

Arcane classifications: Male, night
Element: Fire, symbolized by gold
Vital projection: Domination and destruction

XVI THE TOWER

Undeniably tragic, this is a card that presages destruction, death, war, bankruptcy, earthquake, fire. It is a sudden event that changes everything: a tragedy, the end of a dream or project. The Tower predicts problems force the person to rethink life in various aspects and to begin anew on more solid foundations. It is the challenge to rise again assuming that life will never be the same. In most tarot decks , the tower is being affected by an external force, which symbolizes that the destruction comes from causes not subject to the nature of the person it affects. Rather, it shows the affects of karmic causes or metaphysical order, of which the actor could hardly have understanding or know to be cautious.

In the card we see a circular tower with various levels has been destroyed by the impact of lightning discharges; stone blocks are popping off the top of the tower. Beside these blocks, projected through the air, are symbolic tools used in the rituals of the brotherhood: the Worshipful Master's mallet, the trowel, square, rule, level, and plummet. The two columns of the temple have been thrown down. There are also fragments of the Chain of Fraternal Union representing the dissociation of brotherhood.

The Tower on its facade shows a porch preceded by three steps and within which fire is seen. Above, on the first level, corresponding to the Chamber of Apprentices, there is a sequence of three windows. At the second level of Fellows, five windows are observed, and at the third, where Masters meet, seven windows are displayed. In the latter, it is where the fire causes does the most damage. This detail means that the greatest catastrophe occurs when the beam of destruction affects the head of the tower and not the base.

Arcane classifications: Male, night
Element: Fire
Vital projection: Destruction, martial force

XVII THE STAR

This card represents youth, purity, beauty, sensuality, disinhibition, and harmony with nature. It is receptivity, surrender of the heart, and innocence. It is the generosity of spirit and radiant love that always ensures the protection of others. It is also about taking time to plant learning andoffer selfless work now in service for benefits tomorrow. It is the fate of luck. Rudeness will always bend before innocence and beauty. In the card we see a naked young woman emptying the water from two vases. One pours its liquid into the waters of a stream, and the other empties its contents onto the meadow. The water contained in the vases – as we saw in the Temperance card – represents the inner world, the world of emotions. In that card, the liquid flowed from one vessel to another; here both are poured to nature.

In partnership with Masonic symbolism, the card identifies with the Apprentice, who at the time of initiation was stripped of his clothes in a ceremony symbolizing his renunciation of social roles and material possessions to enter the fraternity of the Lodge and its teaching.

Beside the stream there is a column as a symbol of beauty on which is perched a dark vulture – in most tarot decks this detail represents that beauty and innocence can be perishable and fragile. The vulture represents the threat, the danger that hangs over innocence.

In the background is a temple of Hellenic inspiration that is home to the superior wisdom and worship. In the sky is a large star with seven other stars casting their light on the young naked woman. At the edges of the card are branches of acacia. The left side is marked with the letter B and the right side displays the plummet, both representing the degree of Apprentice.

Arcane classifications: Female, night
Element: Water
Vital projection: Feelings

XVIII THE MOON

The Moon represents the time of waiting that exists within the cell of our solitude. It corresponds to the time of night, which is when our thoughts and anxieties torment us, keeping us from a serene and hopeful rest. The buzz of the night, the howling of animals, and the uproar of outdated thoughts disturb us, and tragic events are foreshadowed in our mind. At night the shadows enlarge, sounds become more expressive. Our steps become uncertain. However, under the moonlight and in the silent hours of the night we descend into the well of our consciousness and understand the designs of the time rather than the light from the busy day. The secrets of uneasyconscience become visible only by the glow ofthe Moon.

This card represents the moment in which the candidate for initiation has been placed in the narrow Chamber of Reflection. In that dark room, his eyes covered by a blindfold, he is left alone to address his face in the mirror of his conscience.

In the card, we see the candidate dressed in an old white robe that represents purity and poverty. He is blindfolded, with a rope tied around his neck, and sits at a table covered with a red cloth decorated with a death's head skull. Profane death gives new birth to the initiate. On the front of the table is a crab trying to climb to the surface. The crab is a recurring symbol in the Moon card in different decks, and represents wealth, the treasure that lies beneath the earth or in the pit of sewage but is soon to emerge. It is the harbinger of something positive. When the night ends and the first rays of dawn appear, the crab will be visible from the road the disturbed man should take.

The environment, where the young aspiring initiate waits, corresponds to a cell with high walls framing a great vantage point through which you can see two towers against the silhouette of the hills. The sky occupies a large part of the picture; it highlights a crescent moon that casts its light on the beleaguered head of the meditator. In the lower part of both corners there are two separate dogs that howl – these are the aggressive voices of the profane world. On the side of the card are the footprints of a walker. Lost steps represent the candidate for initiation when he must walk forward though blindfolded.

Arcane classifications: Female, night
Element: Water
Vital projection: Emotions

XIX THE SUN

The Sun represents innocence, purity, brotherhood, friendship, and filial love. It is the affinity of heart, mind, or destination between two people who must walk together.

The card predicts the beginning of a path that may be at work, in school, or just in life. It is the model of the good society. The message projected is an opportunity to find a partner with whom to establish a mutually beneficial partnership.

The Masonic symbolism associated with this secret fraternity is shown in these spontaneous Apprentices. They represent the beginning of the road, the symbolic age of three years. They are linked by the heart. Bless them and the sun shines.

In the card, we see a couple of young Apprentices wearing the same white costume used for the initiation ceremony and the white apron. Their feet are shod with sandals. The two workers labor at the task of breaking rocks and use the most basic tools for that Masonic age. One holds the 24-inch gauge and the plummet, while the other holds the mallet. Below, along with some rocks, the chisel used to shape stone can be seen. The environment shows a construction in its infancy. On the floor is installed the mosaic pavement and at the left stands a clean fluted column. Behind a wall, is being built. In the background is a river and beyond that a fertile field that extends to the snowy mountains.

In the sky a great astrological sun, citing the Tarot de Marseille, stands out, and along with its rays are projected twelve drops of gold on the young ones, for each month of the year and representing the blessings of heaven. Fortune is spilling over the brotherly couple.

The Sun predicts success in receiving the blessings of heaven, and its protection ranks first those who are pure of heart. This arcana announces the arrival of a new day, a new phase of life with harmony and spiritual balance.

Arcane classifications: Male, day
Element: Fire, symbolized by gold
Vital projection: Passionate action

XX JUDGEMENT

This is the arcana of victory and glorious reward. It represents the evaluation of the works that have been made in life. On a scale from heaven the heart and its virtues are weighed. Its symbolism represents an initiation ceremony of life and death. It can also mean an appearance in court, an accusatory judgment, or a judgment of drastic consequences. The card could also announce the arrival of a ceremony of triumph, awards, and social recognition, such as a graduation ceremony, marriage, baptism, or the conclusion of a major contract.

In this card, we identify Judgement with the act of initiation. It is the process of moving from darkness to light. It is to resurrect and rise from the grave to walk down new paths.

We see the back of a man dressed in white facing east toward a newly rising light. The character is the same one in the narrow cell of the Chamber of Reflection as seen in the Moon card. He is surrounded by the mosaic pavement and before him are two columns topped with spheres. Above his head three swords cross, representing the "Vault of Steel," the symbolic arch expressing fraternal protection. At the apex is seen the Sacred Delta holding the all-seeing eye. Before him is an open doorway through which shines a radiant light.

The scene is surrounded and guarded by the Chain of Fraternal Union.

Arcane classifications: Male, day
Element: Air, symbolized by the sword
Vital projection: Thought and ceremony

XXI w THE WORLD

This is the last card in the series of the Major Arcana. It is equal to three times seven – three times the perfect number. The World completes the three cycles with a flourish: an overall win.

It is the most powerful and positive card. It represents the culmination of a lifelong process, the joyful satisfaction crowned with economic success. It represents the fullest energy of your natural state. The World is the result of the perfect combination of all strength. It's the perfect alignment of the stars.

In many tarot decks this secret it is represented by the image of a naked woman in the center of a wreath of triumph, and the four corners hold images of a lion, an ox, an eagle, and an angel, figures that in the Christian world symbolize the four evangelists. They also correspond to the four alchemical elements and are the basis of the four branches or suits in which the cards are divided. Taking the presence of these four elements, one could say that the secret of the World is the synthesis of the entire deck. The lion is Fire, the ox is Earth, the eagle is Water (not because it moves in water but because it is representative of the blood).

This tarot card features a naked woman on cubic stone pedestal, the symbolic representation of Masonic perfection and teaching. The stone is itself a symbol of the Earth element. The woman with her feet on this foundation is showing her connection to the land. She looks straight at the viewer in triumph. In her left hand she holds a golden compass, open and directed toward the cosmos to capture its vibrations. Her right hand holds the gavel of Masonic power and authority in the underworld, which in this context refers to Fire. The delicate blue veil passing over her naked body is the symbol of Water, which like water from a river flows and purifies.

MINOR ARCANA

The Minor Arcana consists of 56 cards consisting of two groups or bodies called the Hierarchies of Nobility and the Masonic Numbers. Both are grouped by the four elements as follows.

EARTH: SYMBOLIZED BY THE MALLET

Earth is the densest of the four elements. Its nature is concrete and material. People influenced by this element are more stable than other characters. Quiet and introverted, slower in their processes, they prefer to be methodical. They defend tradition and the norm. Their perseverance can overcome any obstacle. They are consumerist and experience pleasure with owning property. Defined by the statement "I use."

Ace of Mallets. It represents the triumph and power over the material world. It is leadership at work. It is the productive and organizational capacity of a community. It is the power of perseverance.

2 of Mallets. It symbolizes the union at work. Perfect and productive society.

3 of Mallets. It represents the product of a material work performed by a student under the guidance or help from their teachers.

4 of Mallets. It represents the strength of the material and productive work. Announces the fruitful alliance of people working together to achieve a greater work.

5 of Mallets. It represents the fruitful collective work even in conflict. It is the projection of the building but not the culmination.

6 of Mallets. It shows the harmonious and balanced complementation in the material realm. Predicts a good performance at work. Harmony and concrete progress through willpower and perseverance.

7 of Mallets. The master at work. It represents leadership on a team who strive to realize a common task. It is the perfection of the work.

8 of Mallets. It is the construction of a work for the common good. It is the stability and solidity of the work that protects us from the outside world.

9 of Mallets. It represents the silent and persevering work that is resulting in a beautiful and perfect work.

10 of Mallets. It is the culmination of a material work on which we worked collectively.

Knave of Mallets. He is the young worker laboring on stone with mallet and chisel. He is a construction worker. It also represents perseverance and humility.

Knight of Mallets. He is the construction foreman who transmits the king's instructions and oversees the harmony and efficiency of collective work.

Queen of Mallets. She is the matriarch of the family. She represents the material power within a community. She oversees the food and welfare of the community. Her attributes are work, order, and perseverance.

King of Mallets. He is the material and temporal power within an organization. His emblem is the will, perseverance, and discipline. He watches the formal aspects of the work and the community he leads.

Water: Symbolized by the Chalice

Water is the second densest element after Earth and has a sensitive and changing nature. Water expands your whole body with any stimulus. It is a mirror that reflects light and colors, and doubles the landscape. It is able to conduct electricity and sound. Water running rampant envelops, embraces, and drags everything in its path. Water invades everything.

People influenced by water are a bit unstable, shifting, easily persuaded. They are more sentimental than other persons. They live in a world in which moods become important. They are receptive, compassionate, selfless, and faithful. Defined by the statement "I feel."

Ace of Chalices. It represents the triumph of emotions and deep feelings. It is the fraternal leadership and restoration of honor.

2 of Chalices. It is the duality in the field of affection, the couple, and the love of two people. Perfect match. Fruitful society.

3 of Chalices. It represents a work product concocted by two people united by affection. Parents who beget a son, or teachers who educate their pupils.

4 of Chalices. It represents emotional stability. Soundness of commitments and realization of projects with a partner. Announces an alliance between people who seek to create environments of fraternity.

5 of Chalices. It represents a spiritual plane of a labor of love. It is the fertility of the affections. It is the strengthening of a community space.

6 of Chalices. It represents emotional complementation of a set of people. It is stability and harmony. Lovers will prevail.

7 of Chalices. It represents mastery and domination in the world of emotions. Learn the secrets of love.

8 of Chalices. It represents the stability of affections in a community. It shows leadership that protects and creates favorable conditions for the weakest environments.

9 of Chalices. It represents wisdom and spirituality reached by one who has followed the silent way of his heart. It is love that spills over others.

10 of Chalices. It represents multiplication of brotherly love and protection. They open new roads and a new stage begins.

Knave of Chalices. He represents the emotions caused by the bitterness of love sought and not found. It is the heart condition during the night.

Knight of Chalices. He is the messenger and promoter of fraternity. He works with emotions and facilitates the flow in the middle of the night.

Queen of Chalices. She is the mother who cares for and feeds her children and younger siblings. Her virtue is comforting the sad or hurt back to health and self-esteem.

King of Chalices. He is the protective strength of feeling, fatherhood and generosity of the heart. It is a hospital listening to the sorrows of others and comforting the weak. He expresses protection, affection, fraternity. Good advice and discretion.

Fire: Symbolized by Gold

Fire has the power to transform and consume. Its greed can be fast and unforgiving. Gold reaches its peak when it is purified by fire. People influenced by this element are extroverted and upfront. They are enthusiastic, dynamic, and have great willpower. They have achieved leadership in every environment. Reckless and independent, they believe more in themselves than in others. They are arrogant, impatient, and self-centered. More adventurous and risky than other persons. They do not fear the unknown. Defined by the statement "I am."

Ace of Gold. It represents the leadership of the inner fire and passion. Brings good fortune. It is a stroke of luck that makes a better fate. Proclaims a victory in the field of business and expansion of projects.

2 of Gold. Announces an alliance between two people who decide to pursue a common project. The drive and the joy of working together. Predicts success and economic progress.

3 of Gold. It is the inner fire that is projected on the passionate and courageous, able to guide the action of others. Also represents the economic result.

4 of Gold. It represents the consolidation and expansion of an economic, social, or political venture. Announces support and recognition from the community.

5 of Gold. It shows the social and economic projection of a common task. Also it announces possible conflict of egos between people of the same community.

6 of Gold. Harmonious complementation of passion in entrepreneurship. Leadership and strength of conviction. Announces material prosperity.

7 of Gold. It is the passion in action taking on a creative and lucrative work. Projected strength, wealth, and expansion.

8 of Gold. It is the inner purpose to carry out a project. Predicts strength and economic power.

9 of Gold. It is the power of-fire transmuted rock that turns into bright noble metal. It is the culmination of a period of expansion.

10 of Gold. It is the glorious culmination of a collective work process. The accumulation of wealth and expansion of fame. Luxury and power.

Knave of Gold. He represents joy, beauty, and passion of youth. It is the enthusiasm to undertake and implement any idea that identifies you.

Knight of Gold. He represents the impetus of youth. The heir of the cohort. His projection is to the social and mundane world.

Queen of Gold. She represents beauty, passion, and vanity. She awakens the admiration of men and the envy of ladies. She loves herself and her vanity becomes a virtue.

King of Gold. He represents the power of wealth and inner fire. He is an attractive and flamboyant leader. It also represents the vanity and egotism expressed in his lifestyle.

Air: Symbolized by the Sword

Of the four elements, Air is the only one that is invisible and silent. It moves and invades every corner without being noticed. People influenced by this element are immersed in thought. They are balanced and are not interested in attention. They value their independence and prefer not to take leadership positions. They form ideas for others to carry out. They are noted for their mental alertness, analytical ability, and abstraction. They are also known for aesthetic sensibility. They appreciate the simple and flee the mundane. They make drastic and final decisions. They are people of honor and value. They feel superior and act with verticality.

They have little passion, excitement, sociability, or affection. They look with disdain on the world of the everyday. They are cold and distant people, who like to get in and out without dragging commitments. Their personality is defined by the statement "I think."

Ace of Swords. It represents leadership in the world of ideas. It is the rule of reason. It imposes clarity, morality, and spiritual rectitude. Regency of ethics. Rule of law.

2 of Swords. It represents cooperation in the intellectual field. They share the same ideals and values. They work together on a project or common mission. Both are supporters of the same cause.

3 of Swords. It represents intellectual work done by two people. Project to develop an idea into a community.

4 of Swords. It represents loyalty in honor commitments. Emphasizes loyalty to the values and alliances between people who defend the same cause. They are the four guardians of the temple.

5 of Swords. It represents the projection of intellectual work. It is the consolidation of ideas in the social sphere. Announces inspiration and revelation.

6 of Swords. It represents harmony and balance in the battle of ideas or shielding to uphold the law and values.

7 of Swords. It symbolizes the expertise in the field of thoughts and ideas. It is also the defense of principles and values.

8 of Swords. It represents the ability to work constructively by keeping the balance and order.

9 of Swords. It represents the top masters inspired by the knowledge of the occult, and faith of the transcendental. It is protection and defense.

10 of Swords. It represents the multiplication of the forces acting in defense of a common cause. It represents the rule of law and justice. It means consecration and intellectual recognition.

Knave of Swords. He represents youthful idealism. It is the defense of the values and the traditions which he swore to serve.

Knight of Swords. He is the news messenger. He flies along the roads carrying his sword as a symbol of courage and determination. He is a warrior in the battle, and protector of families. Take care of his empire sovereignty and its borders.

Queen of Swords. She represents the lightness of principles and rigor of the law. She imposes moral conduct and fair balance between the rights and duties of each. She promotes conservation of manners, discipline, and order.

King of Swords. He represents intelligence and the eloquent word. He knows the law and traditions. His sword is a symbol of clarity and separation between good and evil. It represents determination and courage.

TAROT READINGS

These readings are based on Masonic esotericism and are useful for different types of questions. They can be done using only the Major Arcana or using all the cards in the deck.

Reading: The Apprentice Mason

This reading, based on the number 3, helps to find a clear answer to a particular question.

The querent should shuffle the cards, then put his hands on the deck and pronounce his question or silently ask it. Then the querent divides the deck into three piles. The diviner collects the three piles from left to right, putting the second group on the first and the third on the second. Then he takes the first three cards from the top of the deck and places them on the table next to each other as in the diagram.

1. The first card portrays the current state of the querent. It reflects the present situation or problem.

2. The second card shows the factors for or against the situation.

3. The third card reveals the most likely outcome if the present circumstances remain unchanged.

Reading: The Fellow Mason

This reading is done with five cards, based on the number of the Fellowcraft.

The querent divides the deck into five piles and leaves the piles in a row on the table. Moving from left to right, the querent draws the top card from each pile and places the cards face down in the pattern shown in the diagram. Four of the cards are at the four cardinal points, according to the plan of a Masonic temple. The fifth card at the center represents the altar of the Masonic temple.

Turn the cards over one at a time. The meaning of the cards based on the location of each is as follows:

1. West: Portal of Lost Steps. This card represents the dark and the profane world. It shows unfavorable elements or those that are contrary to a desirable solution to the problem.

2. North: Apprentice. This card represents innocence. It reflects the querent and his question.

3. South: Fellow. This card represents the value of camaraderie and solidarity. It shows those positive factors that are in favor of solving the problem in the desired way.

4. East: Master. This card represents the light and judgment. It shows the most likely outcome of the reading, what will happen if all follow the same path.

5. Center: Altar. This card represents the Council. It reveals the emergence of the way forward for the querent, the path to success in the matter.

Reading: The Master Mason

This is a seven-card reading, based on the number of the Master Mason.

The querent shuffles the cards and concentrates his mind on the subject on which he wishes guidance. Then he hands the deck to the diviner, who separates the cards into seven piles and then brings them together from left to right. The diviner puts the deck face down and the querent draws seven cards and lays them face down in the pattern shown. Read the cards one at a time as follows:

1. Card of the Initiate. It represents the querent and his question.

2. Card from the Junior Warden. It shows the energy or factors that are favorable for solving the problem raised in the question.

3. Card from the Senior Warden. It reflects the dark energies that are operating against the querent and his question.

4. Card from the Speaker. It delivers advice to be followed to succeed in the issue or problem.

5. Card from the Secretary. It represents the most recent factors that affect the querent and his question.

6. Card from the Worshipful Master. It delivers the judgment or answer to the question posed.

7. Card from the Altar. It reflects or represents the energy in the environment.

GLOSSARY OF MASONIC CONCEPTS AND SYMBOLS

In the Masonic world, symbolism is the basis of knowledge that is passed down from generation to generation. It is present in rituals, in the organization of a Lodge, and in the decoration of the temple. The symbols that identify Freemasonry have been collected from many ancient traditions and cultures, but the majority are based on Judeo-Christian tradition.

The symbols associated with the art of building originated in the medieval world. Taken as a model for spiritual union, builders and their tools are seen as symbols of virtue. Among the best known are the square, the compass, the 24-inch gauge, the mallet, the chisel, the plummet, the level, cubic stone, and rough stone.

To better understand the Masonic symbolism of the Tarot, we present here a brief glossary of symbols and concepts.

Acacia. Represents mastery. Alludes to the death of Master Hiram. The biblical legend says that when the builder of the Temple of Solomon was assassinated, his murderers hid his body on top of a hill and to mark the exact location of his burial they planted a branch of acacia.

Apron. Worn by ancient stonemasons to protect their body from stone shrapnel. Evoking the work of those builders, modern Masons use an apron as a distinctive feature of the degree they hold within a Lodge.

Ara. Inn or altar at the center of all Masonic temple. Where you put the Book of Sacred Law, and upon this, the square and compass.

B and J. Pillars that are located at the entrance of every Masonic temple. To the left is a column marked with the letter B. Next to it are the seats where learners must sit in a Lodge. The other, located to the right and marked with the letter J, marks the spot where the Fellows sit.

Book of the Sacred Law. A symbolic book that represents wisdom, usually shown with its pages open. It is located on a table or altar inside the temple. Whenever the ritual session starts at a Lodge, the book must be opened and the square and compass put on their pages.

Chain of Fraternal Union. A chain representing the universal brotherhood. Each brother is a link in that chain. When one dies it is said that the chain is broken and has lost one of its links.

Chisel. Tool used with the mallet to shape the rough stone, symbol of the imperfections of personality. It represents the intelligence with which the apprentice must work on perfecting himself. The work to be done with discretion and prudence.

Coffin. Mystical death symbolizes what the initiate must undergo to be reborn to a life of greater refinement and moral elevation.

Compass. Symbolic tool of harmony, perfection, and spirituality. As the square represents materiality, the compass represents spirituality.

Cubic stone. The symbol of perfection. Result of a job well done. The cubic stone, for its perfect shape, serves to wedge with others and thus, overall, build a strong wall.

Cup of bitterness. Cup which is given to drink the bitter brew to represent the bitterness of life. The cup is the symbol of water and blood representing the value of nobility.

Gavel. The mallet symbolizing authority, used by those who lead a Masonic meeting, such as the Worshipful Master, and each of the two Wardens when leading their respective chambers.

Letter G. Located in the east part of the temple, represents the Great Architect of the Universe, which is the way Masons represent any notion of God or higher power. It is also stating that geometry is the most highly considered and perfected art, and the initial of the word "gnosis," meaning knowledge.

Level. Tool whose function is to make the horizontal perfectly level. Symbolically defines stability, equality, and companionship. It is the symbolic tool of the Fellows. The Senior Warden wears it in his collar.

Mallet. A hammer that works with the chisel in rock--cutting work. In Freemasonry represents the will and tenacity of work. It symbolizes the work they must all do as brothers to smooth the rough imperfections of personality. The mallet is the virtue that teaches how to withstand and endure hardships with fortitude.

Mosaic pavement. All Masonic temples have a mosaic floor composed of black and white squares. This symbolizes the duality between good and evil, light and darkness, day and night that make up the life of a man.

Plummet. Tool to measure the correct vertical position of a beam or wall. For a Mason this is a symbol of righteousness. The plummet is a symbolic Apprentice tool and is worn by the Junior Warden in his collar.

Sacred Delta. An equilateral triangle inside which is an eye. It is the symbol of divinity, wisdom, and light. The eye set within the triangle symbolizes all-seeing vision.

Scale. Represents the connection that must exist between heaven and earth. It also symbolizes the ascent; the elevation of consciousness for the Masons, who, in their evolution, will join the supreme spirituality that is normally represented by the figure of the Sacred Delta.

Square. The symbol of Masonic righteousness. The square is also the jewel worn by the Worshipful Master and represents his obligation to be upright and impartial in his judgments and to be an example to others in his habits.

Sun and moon. Both are elements always present in all Masonic temples as well as on tarot images. They represent day and night. The symbolic day in which Masons must work is "from noon to midnight."

Trowel. The symbolic tool that represents tolerance, patience, and forbearance that should guide the Mason in all circumstances. The ability to overcome adversity, mend fences, and bring people together who have been in conflict.

24-inch gauge. Represents the right measure of things and the organization of time. Twenty-four hours must be divided into three sections of eight hours: one to work, one to rest, and one to cultivate brotherhood and practice charity.

ITALIANO

TAROCCHI MASSONICI

Quest'opera, creata dall'artista cileno Patricio Díaz Silva, è organizzata in un mazzo di 78 carte suddivise in 22 Arcani Maggiori e 56 Arcani Minori. I semi sono associati ai quattro elementi dell'Alchimia: Terra, Acqua, Fuoco e Aria. I quattro elementi fanno parte del rituale d'iniziazione massonico e sono rappresentati con diverse simbologie.

Terra: simboleggiata dal **Maglio**. È lo strumento che per i Massoni rappresenta il lavoro sulla pietra che è una porzione dura della terra.

Acqua: simboleggiata dalla **Coppa**. Ciò che contiene il sangue o il vino, rappresenta il mondo delle emozioni.

Fuoco: simboleggiata dall'**Oro**. Il metallo che raggiunge il suo splendore attraverso la purificazione del Fuoco.

Aria: simboleggiata dalla **Spada**. Rappresentale Idee.

ARCANI MAGGIORI

Tra gli Arcani Maggiori ci sono carte di ordine "femminile" o "maschile" e di dominio "diurno" o "notturno". La classificazione è fatta secondo l'energia o il valore rappresentate da ogni immagine.

IL MATTO : Carta priva di numero. Rappresenta la liberazione e l'affrancamento da ogniforma di ordine prestabilito. Carta notturna e femminile, associata all'elemento Acqua. Il suo dominio sono le emozioni. È presagio di viaggi e liberazione.

I – IL MAGO: Rappresenta il potere dellacreatività, dell'ingegno, dell'astuzia e dell'audacia. Arcano maschile, diurno. Associato al Fuoco, simboleggiato dall'Oro. Il suodominio è l'azione. Predice successo e lavoro creativo.

II – LA SACERDOTESSA: Sapienza femminile. Sensibilità, amore, comprensione, compassione, intuizione e tenerezza. Capacità di sanare ferite. Arcano femminile, notturno. Associato all'acqua. Simboleggiato dalla Coppa. Il suo dominio sono le emozioni.

III – L'IMPERATRIC E: Parte femminile del mondo materiale. Progresso economico e crescita. Eleganza e seduzione. Arcano femminile diurno. Si associa alla Terra e si rappresenta con l'Oro. Il suo dominio è la ricchezza, l'autorità e il progresso.

IV – L'IMPERATOR E: Potere che governa sulla terra e sugli uomini. Espansione e influenza. Ricchezze materiali. Autorità, stabilità e protezione. Arcano maschile, diurno. Fuoco rappresentato dall'Oro. Il suo dominio sono l'azione e l'autorità.

V – IL SOMMO SACERDOTE: Maturità spirituale, sapienza e bontà. Patriarca che consiglia e protegge. Carta maschile, notturna. Si associa all'Aria e alla Spada. Il suo dominio sono i pensieri trascendenti.

VI – GLI AMANTI: Amore, armonia, complicità. Atto solenne di promessa. Donare/arsi confiducia. Riflette il mondo interiore. Carta femminile e notturna. Si associa all'Acqua e alla Coppa. Il suo dominio sono le emozioni.

VII – IL CARRO: Azione, forza, movimento e presa di posizione. Impegno, capacità di dirigere, progresso e belligeranza. Predice scelta, viaggio trionfale. Carta maschile, diurna. Rappresentata dal Fuoco e dall'Oro. Il suo dominio è l'azione.

VIII – LA FORZA: Forza, potere e volontà, dominazione e resistenza. Persona lavoratrice e persistente. Arcano maschile, carta diurna. Si associa alla Terra. Simbolo il Martello. Il suo dominio è l'azione.

IX – L'EREMITA : Ritiro dalla vita mondana per entrare nel mondo spirituale. Viaggio solitario verso il silenzio notturno dell'anima. Carta femminile e notturna. Associata all'Aria. Simbolo la Spada. Il suo dominio sono i pensieri.

X – LA RUOTA DELLA FORTUNA : Cambiamenti nella vita. Novità inaspettate che improvvisamente cambiano l'ordine delle cose. Arcano solare, diurno, maschile. Rappresentato dal Fuoco e simboleggiato dall'Oro. Il suo dominio è l'azione.

XI – LA GIUSTIZIA: Equilibrio ristabilito. Castigo per il colpevole e compensazione per l'innocente. Azione, istanza giudiziaria. Risoluzione di conflitto. Carta maschile e diurna. Associata all'Aria. Il suo dominio sono i pensieri e la determinazione.

XII – L'APPESO: Dipendenza, sottomissione. Perdita di dignità, identità e fortuna. Umiltà e generosità. Arcano femminile, notturno. Si associa all'Aria. Il suo dominio sono i pensieri, la calma e l'attesa.

XIII – LA MORT E: Fine di un ciclo. Morte fisica, spirituale, economica, di un lavoro o di un progetto. Presagio di cambiamenti radicali e trascendentali. Arcano notturno e femminile associato all'elemento Terra. Il suo dominio è il silenzio, la calma e la solitudine.

XIV – LA TEMPERANZA: Pazienza, attesa e maturazione. Lavoro interiore. Contemplazione delle emozioni, autodisciplina e trasformazione dei sentimenti negativi. Carta femminile, notturna. Associata all'Acqua. Il suo dominio sono le Emozioni.

XV – IL DIAVOLO : Personaggio ambizioso, perverso, dominatore e castigatore. Si serve dei suoi servi per manipolare. Falsità e corruzione. Arcano maschile, notturno. Associato col Fuoco e rappresentato dall'Oro. Il suo dominio sono la dominazione e la distruzione.

XVI – LA TORR E: Distruzione dovuta a fattori esterni e cause inaspettate. Tragedia e crollo di sogni o progetti. Carta tellurica, maschile e di forza marziale. Arcano notturno associato al Fuoco. Il suo dominio è la distruzione.

XVII – LE STELLE: Gioventù, purezza, bellezza e disinibizione. Armonia con la natura. Generosità di cuore e innocenza. Arcano femminile, notturno, associato all'Acqua. Il suo dominio sono i sentimenti e la generosità.

XVIII – LA LUNA: L'incertezza e l'attesa angosciosa, seguita da fortuna tardiva. Dimensione in cui i rumori della notte disturbano la mente. Arcano femminile, carta notturna, associata all'Acqua. Il suo dominio sono le emozioni.

XIX – IL SOLE: Innocenza, purezza e amicizia. Affinità di cuore, anima, mente o destino tradue persone. Carta solare, diurna, maschile e associata al Fuoco. Il suo dominio è l'azione che inizia un percorso.

XX – IL GIUDIZIO: Arcano del trionfo. Consacrazione. Valutazione delle opere e sforzi relizzati. Atto solenne. Arcano maschile, carta diurna. Si associa all'Aria. Simbolo la Spada. Il suo dominio è il Pensiero.

XXI – IL MONDO: Energia nel proprio stato di perfezione. Risultato ottenuto dalla congiunzione di tutte le forze. Rappresenta l'armonia, il successo, il lusso e la vanità. Arcano femminile, carta diurna. Si associa al Fuoco. Il suo dominio è il trionfo e la gloria.

ARCANI MINORI
TERRA: SIMBOLO MAGLIO

1. Asso. Trionfo e potere sul mondo materiale. Capacità direttive (Leadership) nel lavoro. Perseveranza.

2. Simbolo dell'unione nel lavoro. Società perfetta e produttiva.

3. Rappresenta il risultato di un lavoro materiale, realizzato da un discepolo o dipendente sotto la guida di un maestro.

4. Solidità nel lavoro materiale e produttivo. Annuncia un'alleanza tra persone.

5. Lavoro collettivo fecondo. Indica l'avvio di una costruzione, ma non il suo completamento.

6. Completamento di un progetto. Buon funzionamento di un gruppo di lavoro. Volontà e perseveranza.

7. Direzione su un gruppo di lavoro. Perfezione nell'opera.

8. Costruzione di un opera collettiva. Stabilità e solidità del lavoro.

9. Lavoro silenzioso e perseverante che porta a un opera bella e perfetta.

10. Completamento di un'opera materiale su cui si è lavorato in modo collettivo.

11. Fante. Muratore. Rappresenta la costanza e l'umiltà.

12. Cavaliere. Capomastro che monitora la costruzione vigilando il lavoro collettivo.

13. Regina. Matriarca della famiglia. Assicura il nutrimento alla comunità.

14. Re. Potere materiale e temporale in un'organizzazione. Cura gli aspetti formali.

ACQUA: SIMBOLO COPPA

1. Asso. Esaltazione delle emozioni. Capacità di direzione e di ristabilire l'Onore. Trionfo dell'Amore.

2. Concordia degli affetti. Coppia perfetta. Società feconda.

3. Opera nata da due persone. Coppia che genera un figlio. Maestri che educano.

4. Stabilità emotiva. Solidità degli accordi. Consolidamento di un progetto di coppia.

5. Proiezione nel piano spirituale della fecondità degli affetti.

6. Accordo emotivo tra un gruppo di persone. Stabilità e armonia.

7. Maestria e dominio nel mondo degli affetti. Conoscere i segreti dell'amore.

8. Stabilità degli affetti. Capacità direttiva che protegge e crea situazioni favorevoli.

9. Sapienza, fraternità e spiritualità.

10. Moltiplicazione dell'amore. Si aprono nuovi percorsi verso altre stagioni.

11. Fante. Emozioni frutto dall'amore cercato e non trovato.

12 Cavaliere. Messaggero di fraternità. Lavora con le emozioni.

13. Regina. Madre che si prende cura dei figli. Da conforto a chi è triste o ferito.

14. Re. Colui che accoglie e ascolta con discrezione le tristezze degli altri e li conforta.

FUOCO: SIMBOLO ORO

1. Asso. Rappresenta la capacità di dirigere e la passione per i negozi e progetti in crescita.

2. Alleanza tra due persone che condividono una passione e un progetto. Predice progresso economico.

3. Fuoco interiore che si proietta in azioni capaci di guidare gli altri. Riuscita economica.

4. Consolidamento ed espansione di un progetto. Annuncia aiuti e riconoscimenti.

5. Progettazione di un'opera in comune. Possibili conflitti tra gli "ego" delle persone.

6. Completamento, realizzazione di progetti creativi. Annuncia prosperità materiale.

7. Passione per un lavoro creativo e lucrativo. Predice forza, ricchezza e crescita.

8. La forza interiore per portare avanti un progetto. Annuncia progresso economico.

9. Potere trasmutatore del fuoco che trasforma la pietra in metallo nobile. Fine di un capitolo, di una stagione.

10. Completamento di un lavoro. Capitalizzazione di ricchezza e crescita. Lusso e potere.

11. Fante. Allegria, bellezza e passione giovanile. Ricerca di identità.

12. Cavaliere. Impeto giovanile. Eredità e continuità.

13. Regina. Bellezza e vanità. Donna che risveglia ammirazione negli altri e trasforma la sua vanità in virtù.

14. Re. Potere della ricchezza e fuoco interiore. Rappresenta la vanità e l'egocentrismo.

ARIA: SIMBOLO SPADA

1. Asso. Primeggiare nelle idee. Rettitudine morale e spirituale. L'Etica e la Legge s'impongono.

2. Complementarietà in ambito intellettuale. Condivisione degli stessi ideali e valori.

3. Il prodotto del lavoro intellettuale tra due persone.

4. Fedeltà ai valori e alleanza tra persone che difendono una stessa causa.

5. Sviluppo del lavoro intellettuale. Consolidamento delle idee. Ispirazione e rivelazione.

6. Armonia ed equilibrio nella battaglia tra idee o in difesa della legge o dei valori.

7. Supremazia e perfezione delle idee. Difesa dei principi e dei valori.

8. Stabilità e forza. Chiarezza nel lavoro mantenendo equilibrio. Difesa.

9. Maestria ispirata dalla conoscenza dell'occulto. Protezione e difesa.

10. Moltiplicazione delle forze che difendono una causa comune.

11. Fante. Idealismo giovanile. Difesa di valori e dottrine.

12. Cavaliere. Messaggero di notizie. Guerriero in battaglie e protettore delle famiglie.
13. Regina. Impone condotta morale e l'equilibrio tra i diritti e i doveri.
14. Re. Intelligenza della parola. Conoscenza della legge e la tradizione.

LETTURA DELL'APPRENDISTA MASSONE

Si fa con 3 carte e serve per trovare una risposta chiara a una domanda precisa e puntuale. Si possono usare i soli Arcani maggiori oppure il mazzo completo.

Il consultante dopo aver mischiato le carte, pone le proprie mani sopra il mazzo pensando alla domanda. In seguito divide il mazzo in tre parti e prende la prima carta di ogni mazzetto ponendole sul tavolo una al lato dell'altra seguendo lo schema. La lettura sarà la seguente:

1. Raffigura lo stato attuale del consultante. La sua situazione e problema presente.

2. Mostra i fattori favorevoli e contrari sulla questione oggetto della domanda.

3. Rivela il risultato o soluzione più probabile della situazione attuale nel caso le circostanze non cambino ne subiscano variazioni

ESPAÑOL

TAROT MASÓNICO
Arcanos del Arte Real

Esta obra fue creada por el artista chileno Patricio Diaz Silva inspirado en el simbolismo masónico. Su estructura, organiza la baraja en 22 Arcanos Mayores y 56 Arcanos Menores, y tiene como base los cuatro elementos de la alquimia: Tierra, Agua, Fuego y Aire. Los cuatro elementos forman parte del ritual de iniciación de un masón y están presente es diversas facetas de su simbolismo.

Tierra. Representada por el Mazo. Es la herramienta con la cual los masones simbolizan el trabajo sobre la piedra la cual es la porción dura de la tierra.

Agua. Representada por la Copa. Contenedora de la sangre o el vino corresponde al mundo de las emociones.

Fuego. Representado por el Oro. El metal alcanza su esplendor mediante la purificación del fuego.

Aire. Representada con la espada. Simboliza las ideas.

ARCANOS MAYORES

Entre los Arcanos Mayores hay cartas femeninas y otras masculinas; diurnas y otras nocturnas; positivas y otras negativas; de acción y otras de pasividad o sumisión. Clasificación que se hace tomando en cuenta la energía o el valor representado en cada imagen.

EL LOCO: Carta sin número. Representa la liberación y la marginación de todo orden. Carta nocturna y femenina, asociada con el elemento Agua. Su proyección vital son las emociones. Presagia viajes y liberación.

I – EL MAGO: Poder de la creatividad, el ingenio, la astucia, y la audacia. Arcano masculino, de régimen diurno. Asociable con el fuego. Simbolizado con el Oro. Su proyección vital es la acción. Predice éxito y trabajo creativo.

II – LA SACERDOTISA: Sabiduría femenina. Sensibilidad, amor, comprensión, compasión, intuición, ternura. Capacidad para sanar las heridas. Arcano femenino, de régimen nocturno. Asociable con el Agua. Se simboliza con la Copa. Su proyección vital son las emociones.

III – LA EMPERATRIZ : Poder femenino en el mundo material. Progreso económico y expansión. Elegancia y seducción. Arcano femenino de régimen diurno. Se asocia con la Tierra y se representa con el oro. Su proyección vital es la riqueza, autoridad y progreso.

IV – EL EMPERADOR: Poder que gobierna sobre la tierra y los hombres. Expansión e influencia. Riqueza material. Autoridad, estabilidad y protección. Arcano masculino de régimen diurno. Fuego representado por el Oro. Su proyección es la acción y autoridad.

V – EL SUMO SACERDOTE: Madurez espiritual, sabiduría y bondad. Patriarca que aconseja y protege a los demás. Carta masculina, de régimen nocturno. Se asocia con el Aire y simboliza con la espada. Su proyección vital son los pensamientos trascendentes.

VI – LOS ENAMORADOS: Amor, armonía, unión, compañerismo. Decisión y acto solemne de compromiso. Entrega y confianza. Refleja el mundo interior. Carta femenina y de régimen nocturno. Se asocia con el Agua y simboliza con la copa. Su proyección son las emociones.

VII – EL CARRO: Acción, fuerza, movimiento y dirección. Empuje, liderazgo, progreso y beligerancia. Presagia viaje triunfal y avasallador. Carta masculina de régimen diurno. Es Fuego y se simboliza con el Oro. Su proyección vital es la acción.

VIII – LA FUERZA: Fuerza, poder, voluntad, dominación y templanza. Persona trabajadora y persistente. Arcano masculino de régimen diurno.

Se asocia con la Tierra. Simbolizada con el Mazo. Su proyección vital es el trabajo.

IX – EL ERMITAÑO : Retiro de la vida mundana para entrar en el mundo del espíritu. Viaje solitario al silencio nocturno del alma. Carta femenina y nocturna. Asociada con el Aire. Simbolizada con la espada. Su proyección vital son los pensamientos.

X – LA RUEDA DE LA FORTUNA : Cambios en la vida. Acontecimientos inesperados que de un momento a otro cambian el orden de las cosas. Arcano solar de régimen diurno y género masculino. Corresponde al Fuego y se simboliza con el Oro. Su proyección es la acción.

XI – LA JUSTICIA: Restablecimiento del equilibrio. Castigo para el culpable y compensación para el inocente. Acción de instancia judicial. Resolución de un conflicto. Carta masculina y de régimen diurno. Asociada con el Aire. Su proyección vital son los pensamientos y la determinación.

XII – EL COLGADO: Dependencia, sometimiento. Perdida de dignidad, identidad y fortuna. Humildad y entrega. Arcano femenino de régimen nocturno. Se asocia con el Aire. Su proyección son los pensamientos, la quietud y la espera.

XIII – LA MUERT E: Termino de un ciclo. Muerte física, espiritual, económica, de un trabajo o proyecto. Presagia cambios radicales y trascendentales. Arcano nocturno y femenino asociado al elemento Tierra. Su proyección vital es el silencio, la quietud y la soledad.

XIV – LA TEMPLANZA: Paciencia, espera y maduración. Trabajo interior: contemplación de las emociones, autodominio y trasmutación de los malos sentimientos. Carta femenina de régimen nocturno. Se asocia con el Agua. Su proyección son las emociones.

XV – EL DIABLO: Personaje ambicioso, perverso, dominador y castigador. Se sirve de sus lacayos para manipular. Falsedad y corrupción. Arcano masculino de régimen nocturno. Asociado con el Fuego y representado con el Oro. Su proyección vital es la dominación y destrucción.

XVI – LA TORR E: Destrucción de algo por causa de un factor externo e inesperado. Tragedia y derrumbe de un sueño o proyecto. Carta telúrica, masculina y de fuerza marciana. Arcano nocturno asociada con el Fuego. Su proyección vital es la destrucción.

XVII – LA ESTRELLA: Juventud, pureza, belleza, y desinhibición. Armonía con la naturaleza. Entrega del corazón y de la inocencia. Arcano femenino y nocturno, asociado con el Agua. Su proyección vital son los sentimientos y la entrega.

XVIII – LA LUNA: Es la incertidumbre y espera angustiosa. Tiempo en el cual los ruidos de la noche perturban la mente. Después viene la fortuna. Arcano femenino de régimen nocturno. Se asocia con el Agua. Su proyección son las emociones.

XIX – EL SOL: Inocencia, pureza y compañerismo. Afinidad de corazón, mente o destino entre dos personas. Carta solar de régimen diurno, masculina y asociada al Fuego. Su proyección vital es la acción de comenzar un camino.

XX – EL JUICIO: Arcano de triunfo. Consagración. Evaluación de las obras y los esfuerzos realizados. Acto solemne. Carta masculina y de régimen diurno. Se asocia con el Aire. Simboliza con la espada. Su proyección vital es el pensamiento.

XXI – EL MUNDO: Energía en su estado de plenitud. Consecuencia de la conjunción de todas las fuerza. Representa el éxito, el lujo y la vanidad. Arcano femenino de régimen diurno. Se asocia con el Fuego. Su proyección vital es el triunfo y la gloria.

ARCANOS MENORES
TIERRA REPRESENTADA POR EL MAZO

Tierra es el más denso de los cuatro elementos. Las personas influidas por este elemento tienen un carácter estable. Son tranquilas e introvertidas. Más lentas en sus procesos. Prefieren ser metódicas. Defienden la tradición y la norma. Su perseverancia las lleva a vencer obstáculos. Basan su seguridad con la posesión de bienes materiales. Se definen por la afirmación **"Yo Tengo"**.

MAZOS

As. Triunfo y poder sobre el mundo material. Liderazgo en el trabajo. Perseverancia.

2. Simboliza la unión en el trabajo. Sociedad perfecta y productiva.

3. Representa el producto de un trabajo material ejecutado por un discípulo bajo la guía de su maestro.

4. Solidez en el trabajo material y productivo. Anuncia alianza entre personas.

5. Trabajo colectivo fecundo. Proyección de la construcción pero no la culminación.

6. Complementación. Buen funcionamiento de un equipo de trabajo. Voluntad y perseverancia.

7. Liderazgo sobre un equipo de trabajo. Perfección de la obra.

8. Construcción de una obra común. Estabilidad y solidez del trabajo.

9. Trabajo silencioso y perseverante que da como resultado una obra bella y perfecta.

10. Culminación de una obra material sobre la cual se trabajó colectivamente.

11 Sota. Obrero de la construcción. También representa la constancia y humildad.

12 Caballo. Capataz que recorre la construcción supervisando el trabajo colectivo.

13 Reina. Matriarca de la familia. Asegura la alimentación de la comunidad.

14 Rey. Poder material y temporal en una organización. Cuida los aspectos formales.

AGUA REPRESENTADA POR LA COPA

El agua es de naturaleza sensible y cambiante. Expande a todo su cuerpo cualquier estimulo. Es espejo que refleja la luz y los colores. El agua que corre desbocada envuelve, abraza y arrastra todo lo que encuentra a su paso. El agua todo lo invade. Las personas regidas por el agua son cambiantes, influenciables. Para ellas los estados de ánimo cobran importancia. Son receptivas, compasivas, altruistas y fieles. Se definen por la afirmación "**Yo siento**".

COPAS

As. Exaltación de las emociones. Liderazgo y restablecimiento del honor. Triunfo en el amor. **2.** Dualidad en los afectos. Pareja perfecta. Sociedad fecunda.

3. Obra gestada por dos personas. Padres que engendran un hijo. Maestros que educan.

4. Estabilidad emocional. Solidez de compromisos. Consolidación de proyectos de pareja.

5. Proyección a un plano espiritual. Fecundidad de los afectos.

6. Complementación emocional de un conjunto de personas. Es estabilidad y armonía.

7. Maestría y dominio en el mundo de los afectos. Conoce los secretos del amor.

8. Estabilidad de los afectos. Liderazgo que protege y crea ambientes favorables.

9. Sabiduría, fraternidad y la espiritualidad.

10. Multiplicación del amor. Se abren nuevos caminos a una nueva etapa.

11 Sota. Emociones causada por la amargura del amor que se busca y no se encuentra.

12 Caballo. Mensajero de la fraternidad. Trabaja con las emociones.
13 Reina. Madre que cuida a sus hijos. Reconforta al que está triste o herido.
14 Rey. Hospitalario que escucha con discreción las tristezas de los demás y los reconforta.

FUEGO REPRESENTADO POR EL ORO

El fuego tiene el poder de transformar y consumir. El Oro alcanza su esplendor cuando es purificado por el fuego. Las personas influidas por este elemento son extrovertidas y frontales. Entusiastas y con fuerza de voluntad. Son temerarias e independientes. Creen más en sí mismas que en los demás. Arrogantes, impacientes, y egocéntricas. Se definen por la afirmación **"Yo Soy"**.

OROS

As. Representa el liderazgo y la pasión sobre los negocios y proyectos de expansión. **2.** Alianza entre dos personas que comparten una pasión y un proyecto. Predice progreso económico.

3. Fuego interior que se proyecta en la acción capaz de guiar a los demás. Fruto económico.

4. Consolidación y expansión de un proyecto. Anuncia apoyos y reconocimientos.

5. Proyección de una obra común. Posible conflicto de egos entre personas.

6. Complementación en los proyectos creativos. Anuncia prosperidad material.

7. Pasión en un trabajo creativo y lucrativo. Proyecta fuerza, riqueza y expansión.

8. Fortaleza de la fuerza interior para llevar adelante un proyecto. Anuncia progreso económico.

9. Poder transmutado del fuego que convierte la roca en metal noble. Culminación de una etapa.

10. Culminación de un trabajo. Capitalización de la riqueza y expansión. Lujo y el poder.

11 **Sota.** Alegría, belleza y pasión de la juventud. Búsqueda de la identidad.

12 **Caballo.** Ímpetu de la juventud. Heredero de la cohorte.

13 **Reina.** Belleza y vanidad. Mujer que despierta la admiración de los demás. Convierte su vanidad en virtud.

14 **Rey.** Poder de la riqueza y el fuego interior. Representa la vanidad y egolatría.

AIRE REPRESENTADO LA ESPADA

El aire es el único elemento invisible y silencioso. Invade todos los rincones sin que lo notemos. Las personas influidas por el Aire son más introvertidas, frías y distantes. Le gusta entrar y salir sin arrastrar compromisos. No se interesan en llamar la atención. Se conforman con soplar algunas ideas para que otros las lleven a cabo. Tienen capacidad de análisis y abstracción. Aprecian la sobriedad y huyen de lo mundano. Personas de honor y valor. Se sienten superiores y actúan con verticalidad. Su personalidad se define por la afirmación "Yo Pienso".

ESPADAS

As. Liderazgo en las ideas. Rectitud moral y espiritual. Impone lo ético. Imperio de la Ley.
2. Complemento en el campo intelectual. Comparten los mismos ideales y valores.
3. Trabajo intelectual producido por dos personas.
4. Fidelidad en los valores y alianzas entre personas que defienden una misma causa.
5. Proyección del trabajo intelectual. Consolidación de las ideas. Inspiración y revelación.
6. Armonía y equilibrio en la batalla de las ideas o en la defensa de la Ley y los valores.
7. Soberanía y perfección de las ideas. Defensa de los principios y valores.
8. Estabilidad y fortaleza. Claridad para trabajar manteniendo el equilibrio y el orden.
9. Maestría inspirada en el conocimiento de lo oculto. Protección y defensa.
10. Multiplicación de las fuerzas que defienden una causa común.
11 Sota. Idealismo juvenil. Defensa de valores y doctrina.
12 Caballo. Mensajero de noticias. Guerrero en la batalla y protector de las familias.
13 Reina. Impone la conducta moral y el equilibrio entre los deberes y los derechos.
14 Rey. Inteligencia de la palabra. Conocimiento de la Ley y las tradiciones.

LECTURA DEL APRENDIZ MASÓN

Se hace con 3 cartas y sirve para encontrar una respuesta clara a un asunto puntual.

El consultante luego de barajar las cartas y poner sus manos sobre el mazo pensando en su pregunta, debe dividirlo en tres porciones. El cartomántico recoge las tres porciones de izquierda a derecha. Luego sacará las tres primeras cartas y las ubicará en la mesa una al lado de la otra según el esquema. De acuerdo a esta posición el significado de cada carta será:

1. Retrata el estado actual del consultante. Refleja su situación o problema presente.

2. Muestra los factores a favor o en contra que están sobre el asunto consultado.

3. Revela el resultado o la solución más probable al problema planteado en el caso de que las circunstancias se mantengan sin variación.

FRANÇAIS

TAROT MAÇONNIQUE

Cette oeuvre, créée par l'artiste chilien Patricio Díaz Silva, est composée d'un jeu de 78 cartes dont 22 Arcanes Majeurs et 56 Arcanes Mineurs. Les couleurs sont associées aux quatre éléments de l'Alchimie: la Terre, l'Eau, le Feu et l'Air. Ces quatre éléments font partie du rituel d'initiation maçonnique et ils sont représentés par différents symboles.

Terre: symbolisée par les **Maillets**. Cet outil représente pour les Francs-maçons le travail sur la pierre qui est une portion dure de la terre.

Eau: symbolisée par les **Coupes**. Ce qui contient le sang ou le vin représente l'univers des émotions.

Feu: symbolisé par les **Deniers**. Le métal qui atteint sa splendeur à travers la purification du Feu.

Air: symbolisé par les **Épées**. C'est la représentation des Idées.

ARCANES MAJEURS

Parmi les Arcanes Majeurs, on trouve des cartes d'ordre «féminin» ou «masculin» et de domaine «diurne» ou «nocturne». La classification s'effectue selon l'énergie ou la valeur représentée par chaque image.

LE FOU: Carte sans numéro. Elle représente la libération et l'affranchissement de toute forme d'ordre préétabli. Carte nocturne et féminine, associée à l'élément Eau. Elle concerne le domaine des émotions. Elle annonce des voyages et une libération.

I – LE MAGICIEN: Cette carte représente le pouvoir de la créativité, de l'ingéniosité et de l'audace. Arcane masculin, diurne. Associé au Feu, symbolisé par les Deniers. Son domaine est l'action. Il prédit le succès et le travail créatif.

II – LA PAPESSE: Savoir féminin. Sensibilité, amour, compréhension, compassion, intuition et tendresse. Capacité de guérir les blessures. Arcane féminin, nocturne. Associé à l'eau. Symbolisé par les Coupes. Il concerne le domaine des émotions.

III – L'IMPÉRATRIC E: Côté féminin du monde matériel. Progrès économique et croissance. Élégance et séduction. Arcane féminin diurne. Il est associé à la Terre et représenté par les Deniers. Il se réfère au domaine de la richesse, de l'autorité et du progrès.

IV – L'EMPEREUR: Pouvoir qui gouverne la terre et les hommes. Essor et influence. Richesses matérielles. Autorité, stabilité et protection. Arcane masculin, diurne. Feu représenté par les Deniers. Il concerne le domaine de l'action et de l'autorité.

V – LE PAPE: Maturité spirituelle, savoir et bonté. Patriarche qui conseille et protège. Carte masculine, nocturne. Elle est associée l'Air et aux Épées. Elle se réfère au domaine des pensées transcendantes.

VI – LES AMANTS: Amour, harmonie, complicité. Acte solennel de promesse. Donner/se donner en toute confiance. Cet Arcane reflète le monde intérieur. Carte féminine et nocturne. Elle est associée à l'Eau et aux Coupes. Elle concerne le domaine des émotions.

VII – LE CHAR: Action, force, mouvement et prise de position. Engagement, capacité de direction, progrès et belligérance. Cet arcane annonce un choix, un voyage triomphal. Carte masculine, diurne. Elle est représentée par le Feu et par les Deniers. Son domaine est l'action.

VIII – LA FORCE: Force, pouvoir et volonté, domination et résistance. Personne laborieuse et persistante. Arcane masculin, carte diurne. Associé à la Terre. Elle est symbolisée par les Maillets. Son domaine est l'action.

IX – L'ERMITE: Retrait de la vie mondaine pour entrer dans le monde spirituel. Voyage en solitaire vers le silence nocturne de l'âme. Carte féminine et nocturne. Associée à l'Air. Elle est symbolisée par les Épées. Elle concerne le domaine des pensées.

X – LA ROUR DE LA FORTUN E: Changements dans la vie. Nouveautés inattendues qui changent soudain l'ordre des choses. Arcane solaire, diurne, masculin. Représenté par le Feu et symbolisé par les Deniers. Son domaine est l'action.

XI – LA JUSTICE: Équilibre rétabli. Punition pour le coupable et compensation pour l'innocent. Action, instance judiciaire. Résolution d'un conflit. Carte masculine et diurne. Associée à l'Air. Elle concerne le domaine des pensées et celui de la détermination.

XII – LE PENDU: Dépendance, soumission. Perte de dignité, d'identité et de chance. Humilité et générosité. Arcane féminin, nocturne. Associé à l'Air. Il concerne le domaine des pensées, du calme et de l'attente.

XIII – LA MORT : Fin d'un cycle. Mort physique, spirituel, économique, d'un travail ou d'un projet. Cette carte annonce des changements radicaux et transcendantaux. Arcane nocturne et féminin associé à l'élément Terre. Son domaine est le silence, le calme et la solitude.

XIV – LA TEMPÉRANCE: Patience, attente et maturation. Travail intérieur. Contemplation des émotions, autodiscipline et transformation des sentiments négatifs. Carte féminine, nocturne. Associée à l'Eau. Elle concerne le domaine des émotions.

XV – LE DIABLE: Personnage ambitieux, pervers, dominateur et châtieur. Il utilise ses serviteurs pour manipuler. Fausseté et corruption. Arcane masculin, nocturne. Associé au Feu et représenté par les Deniers. Son domaine est la domination et la destruction.

XVI – LA TOUR : Destruction due à des facteurs externes et à des causes inattendues. Tragédie et effondrement de rêves ou de projets. Carte tellurique, masculine et à la force martiale. Arcane nocturne associé au Feu. Son domaine est la destruction.

XVII – LES ÉTOIL ES: Jeunesse, pureté, beauté et désinhibition. Harmonie avec la nature. Générosité du coeur et innocence. Arcane féminin, nocturne, associé à l'Eau. Il concerne le domaine des sentiments et de la générosité.

XVIII – LA LUNE: L'incertitude et l'attente angoissante, suivies d'une chance tardive. Dimension où les bruits de la nuit troublent l'esprit. Arcane féminin, carte nocturne. Associé à l'Eau. Il concerne le domaine des émotions.

IX – LE SOLEIL: Innocence, pureté et amitié. Affinités de coeur, d'âme, d'esprit ou destin entre deux personnes. Carte solaire, diurne, masculine et associée au Feu. Son domaine est l'action qui commence un parcours.

XX – LE JUGEMENT: Arcane du triomphe. Consécration. Évaluation des ouvrages réalisés et des efforts déployés. Acte solennel. Arcane masculin, carte diurne. Associé à l'Air. Il est symbolisé par les Épées. Son domaine est la Pensée.

XXI – LE MONDE: Énergie dans son état de perfection. Résultat obtenu par la conjonction de toutes les forces. Cette carte représente l'harmonie, le succès, le luxe et la vanité. Arcane féminin, carte diurne. Associé au Feu. Il se réfère au domaine du triomphe et de la gloire.

ARCANES MINEURS
TERRE: SYMBOLE MAILLETS

1. As. Triomphe et pouvoir sur le monde matériel. Capacités de direction (Leadership) dans le travail. Persévérance.

2. Symbole de l'union dans le travail. Société parfaite et productive.

3. Cette carte représente le résultat d'un travail matériel, réalisé par un disciple ou un salarié sous le guide d'un maître.

4. Solidité dans le travail matériel et productif. Cette carte annonce une alliance entre des personnes.

5. Travail collectif fécond. Cette carte indique le début d'une construction, mais pas son achèvement.

6. Achèvement d'un projet. Bon fonctionnement d'un groupe de travail. Volonté et persévérance.

7. Direction d'un groupe de travail. Perfection dans l'ouvrage.

8. Construction d'un ouvrage collectif. Stabilité et solidité du travail.

9. Travail silencieux et persévérant qui aboutit à un ouvrage beau et parfait.

10. Achèvement d'un ouvrage matériel fruit d'un travail collectif.

11. Valet. Maçon. Cette carte représente la constance et l'humilité.

12. Chevalier. Maître maçon qui surveille la construction en contrôlant le travail collectif.

13. Reine. Femme de famille. Elle nourrit la communauté.

14. Roi. Pouvoir matériel et temporel dans une organisation. Soin des aspects formels.

EAU: SYMBOLE COUPES

1. As. Exaltation des émotions. Capacité à diriger et à rétablir l'Honneur. Triomphe de l'Amour.

2. Entente affective. Couple parfait. Société féconde.

3. Ouvrage né de deux personnes. Couple qui engendre un enfant. Maîtres qui éduquent.

4. Stabilité émotive. Solidité des accords. Consolidation d'un projet de couple.

5. Projection dans la sphère spirituelle de la fertilité affective.

6. Entente émotive au sein d'un groupe de personnes. Stabilité et harmonie.

7. Expertise et domination dans le monde de l'affection. Connaître les secrets de l'amour.

8. Stabilité dans la sphère affective. Capacité de direction qui protège et crée des situations favorables.

9. Savoir, fraternité et spiritualité.

10. Multiplication de l'amour. De nouveaux parcours s'ouvrent vers d'autres saisons.

11. **Valet.** Émotions fruits de l'amour cherché mais non trouvé.

12 **Chevalier.** Messager de fraternité. Il travaille avec les émotions.

13. **Reine.** Mère qui prend soin de ses enfants. Elle réconforte ceux qui sont tristes ou blessés.

14. **Roi.** Celui qui accueille et écoute avec discrétion les tristesses des autres et les réconforte.

FEU: SYMBOLE DENIERS

1. **As.** Cette carte représente la capacité de direction et la passion pour les affaires et les projets en cours de développement.

2. Alliance entre deux personnes qui partagent une passion et un projet. Cette carte annonce un progrès économique.

3. Feu intérieur qui se projette dans des actions capables de guider les autres. Réussite économique.

4. Consolidation et développement d'un projet. Cette carte annonce des aides et des reconnaissances.

5. Conception d'un ouvrage en commun. Conflits possibles entre les «égos» des personnes.

6. Achèvement, réalisation de projets créatifs. Cette carte annonce la prospérité matérielle.

7. Passion pour un travail créatif et lucratif. Cette carte prédit la force, la richesse et la croissance.

8. La force intérieure peut permettre de mener à bien un projet. Cette carte annonce un progrès économique.

9. Pouvoir transmutateur du feu qui transforme la pierre en métal noble. Fin d'un chapitre, d'une saison.

10. Achèvement d'un travail. Capitalisation de la richesse et croissance. Luxe et pouvoir.

11. Valet. Joie, beauté et passion juvénile. Recherche de son identité.

12. Chevalier. Impétuosité juvénile. Héritage et continuité.

13. Reine. Beauté et vanité. Femme qui suscite de l'admiration chez les autres et transforme sa vanité en vertu.

14. Roi. Pouvoir de la richesse et feu intérieur. Cette carte représente la vanité et l'égocentrisme.

AIR: SYMBOLE ÉPÉES

1. As. Exceller dans les idées. Rectitude morale et spirituelle. L'Éthique et la loi s'imposent.

2. Complémentarité dans le domaine intellectuel. Partage des mêmes idéaux et des mêmes valeurs.

3. Le produit du travail intellectuel entre deux personnes.

4. Fidélité aux valeurs et alliance entre personnes qui défendent la même cause.

5. Développement du travail intellectuel. Consolidation des idées. Inspiration et révélation.

6. Harmonie et équilibre dans la bataille d'idées ou en défense de la loi ou des valeurs.
7. Suprématie et perfection des idées. Défense des principes et des valeurs.
8. Stabilité et force. Clarté dans le travail tout en préservant l'équilibre. Défense.
9. Expertise inspirée de la connaissance de l'occulte. Protection et défense.
10. Multiplication des forces qui défendent une cause commune.
11. Valet. Idéalisme juvénile. Défense des valeurs et des doctrines.
12. Chevalier. Messager de nouvelles. Guerrier dans les batailles et protecteur des familles.
13. Reine. Elle impose une conduite morale et l'équilibre entre les droits et les devoirs.
14. Roi. Intelligence de la parole. Connaissance de la loi et de la tradition.

TIRAGE DE L'APPRENTI MAÇON

Il s'effectue avec 3 cartes et sert à trouver une réponse claire à une question précise et spécifique. Il est possible d'utiliser uniquement les Arcanes majeurs ou le jeu complet. Après avoir mélangé les cartes, le consultant pose ses mains sur le jeu en pensant à la question. Il coupe ensuite le jeu en trois parties et prend la première carte de chaque tas, puis il les dispose sur la table l'une à côté de l'autre d'après le schéma. Le tirage sera le suivant:

1. Cette carte représente l'état actuel du consultant. Sa situation et le problème soulevé.
2. Cette carte montre les aspects favorables et défavorables de la question faisant l'objet de la demande.

3. Cette carte révèle le résultat ou la solution la plus probable de la situation actuelle dans le cas où les circonstances ne changeraient pas ou ne subiraient pas de variations.

DEUTSCH

FREIMAURER-TAROT

Dieses vom chilenischen Künstler Patricio Díaz Silva geschaffene Werk besteht aus einem Deck aus 78 Karten, mit 22 Großen Arkana und 56 Kleinen Arkana. Die Farben werden mit den vier Elementen der Alchimie assoziiert: Erde, Wasser, Feuer und Luft. Die vier Elemente sind Teil des freimaurerischen Initiationsrituals und werden mit unterschiedlichen Symbolen dargestellt.

Erde: durch den **Hammer** symbolisiert. Dieses Werkzeug verkörpert für die Freimaurer die Bearbeitung des Steins, dem harten Teil der Erde.

Wasser: durch den **Kelch** symbolisiert. Er enthält Blut oder Wein, und verkörpert die Welt der Emotionen.

Feuer: durch die **Münze** symbolisiert. Das Metall erhält seinen Glanz durch die Läuterung des Feuers.

Luft: durch das **Schwert** symbolisiert. Verkörpert die Ideen.

GROSSE ARKANA

Die Großen Arkana setzen sich aus Karten „weiblicher" und „männlicher" Natur zusammen oder entstammen den

Domänen „Tag" und „Nacht". Die Einteilung wird in Abhängigkeit von der Energie oder dem Wert gemacht, den die einzelnen Abbildungen verkörpern.

DER NARR: Karte ohne Nummer. Sie verkörpert die Befreiung und Loslösung von jeder Art festgelegter Ordnung. Weibliche Karte, Domäne Nacht, mit dem Element Wasser assoziiert. Ihr Einflussbereich sind die Emotionen. Sie ist ein Anzeichen für Reisen und für Befreiung.

I – DER MAGIER: Er verkörpert die Macht der Kreativität, Begabung, Schlauheit und Kühnheit. Männliches Arkanum, Domäne Tag, mit dem Feuer assoziiert, von den Münzen symbolisiert. Sein Einflussbereich ist die Handlung. Er kündigt Erfolg und kreatives Schaffen an.

II – DIE HOHEPRIESTERIN: Weibliche Weisheit. Sensibilität, Liebe, Verständnis, Mitleid, Intuition und Zärtlichkeit. Fähigkeit, Wunden zu heilen. Weibliches Arkanum, Domäne Nacht, mit dem Wasser assoziiert, vom Kelch symbolisiert. Sein Einflussbereich sind die Emotionen.

III – DIE HERRSCHERIN: Weiblicher Teil der materiellen Welt. Wirtschaftlicher Fortschritt und Wachstum. Eleganz und Verführung. Weibliches Arkanum, Domäne Tag, mit der Erde assoziiert, durch die Münzen verkörpert. Ihr Einflussbereich ist der Reichtum, die Autorität und der Fortschritt.

IV – DER HERRSCHER: Die Macht, die die Erde und die Menschen beherrscht. Ausdehnung und Einfluss. Materieller Reichtum. Autorität, Stabilität und Schutz. Männliches Arkanum, Domäne Tag. Feuer, das von den Münzen verkörpert wird. Sein Einflussbereich sind Handlung und Autorität.

V – DER HIEROPHANT: Spirituelle Reife, Weisheit und Güte. Patriarch, der rät und schützt. Männliche Karte, Domäne Nacht. Mit der Luft und den Schwertern assoziiert. Ihr Einflussbereich sind die transzendenten Gedanken.

VI – DIE LIEBENDEN: Liebe, Harmonie, Zusammenhalt. Feierliches Versprechen. Vertrauensvoll geben oder sich selbst hingeben. Spiegelt die innere Welt wider. Weibliche Karte, Domäne Nacht. Mit dem Wasser und den Kelchen assoziiert. Ihr Einflussbereich sind die Emotionen.

VII – DER WAGEN: Handlung, Kraft, Bewegung und Stellungnahme. Verpflichtung, Führungsfähigkeit, Fortschritt und Kriegszustand. Sagt eine Entscheidung voraus, triumphale Reise. Männliche Karte, Domäne Tag. Vom Feuer und von den Münzen verkörpert. Ihr Einflussbereich ist die Handlung.

VIII – DIE STÄRKE: Stärke, Macht und Willenskraft, Beherrschung und Widerstand. Person, die arbeitet und beharrlich ist. Männliches Arkanum, Domäne Tag. Mit der Erde assoziiert. Sein Symbol ist der Hammer. Sein Einflussbereich ist die Handlung.

IX – DER EREMIT: Rückzug aus dem mondänen Leben und Zutritt zum spirituellen Leben. Allein angetretene Reise, hin zur nächtlichen Stille der Seele. Weibliche Karte, Domäne Nacht. Mit der Luft assoziiert. Symbol Schwert. Ihr Einflussbereich sind die Gedanken.

X – DAS RAD DES SCHICKSALS: Veränderungen im Leben. Unerwartete Neuheiten, die die Ordnung der Dinge plötzlich ändern. Arkanum der Sonne, Domäne Tag, männlich. Vom Feuer verkörpert und von den Münzen symbolisiert. Sein Einflussbereich ist die Handlung.

XI – DIE GERECHTIGKEIT: Wiederhergestelltes Gleichgewicht. Bestrafung für den Schuldigen und Entschädigung für den Unschuldigen. Handlung, gerichtliche Instanz. Lösung eines Konflikts. Männliche Karte, Domäne Tag. Mit der Luft assoziiert. Ihr Einflussbereich sind die Gedanken und die Entschlossenheit.

XII – DER GEHÄNGTE: Abhängigkeit, Unterwerfung. Verlust von Würde, Identität und Vermögen. Bescheidenheit und Großzügigkeit. Weibliches Arkanum, Domäne Nacht. Mit der Luft assoziiert. Sein Einflussbereich sind die Gedanken, die Ruhe und das Warten.

XIII – DER TO D: Ende eines Kreislaufs. Physischer, spiritueller oder finanzieller Tod, Tod einer Arbeit oder eines Projekts. Anzeichen von radika len und transzendenten Veränderungen. Weibliches Arkanum, Domäne Nacht, mit dem Element Erde assoziiert. Sein Einflussbereich ist die Stille, die Ruhe und die Einsamkeit.

XIV – DIE MÄSSIGKEIT: Geduld, Warten und Reifung. Innere Arbeit. Kontemplation der Emotionen, Selbstbeherrschung und Umwandlung negativer Gefühle. Weibliche Karte, Domäne Nacht. Mit dem Wasser assoziiert. Ihr Einflussbereich sind die Emotionen.

XV – DER TEUFEL: Ehrgeizige, perverse Persönlichkeit, Beherrscher und Bestrafer. Er bedient sich seiner Diener, um zu manipulieren. Falschheit und Korruption. Männliches Arkanum, Domäne Nacht. Mit dem Feuer assoziiert und von den Münzen verkörpert. Sein Einflussbereich sind die Beherrschung und die Zerstörung.

XVI – DER TURM: Zerstörung aufgrund externer Faktoren und unerwarteter Gründe. Tragödie und Zusammenbruch von Träumen oder Projekten. Karte der Erde, männlich, mit kriegerischer Kraft. Arkanum der Domäne Nacht, mit dem Feuer assoziiert. Sein Einflussbereich ist die Zerstörung.

XVII – DER STERN: Jugend, Reinheit, Schönheit und Hemmungslosigkeit. Einklang mit der Natur. Großzügigkeit des Herzens und Unschuld. Weibliches Arkanum, Domäne Nacht, mit dem Wasser assoziiert. Sein Einflussbereich sind die Gefühle und die Großzügigkeit.

XVIII – DER MOND: Ungewissheit und angstvolles Warten, gefolgt von spätem Glück. Eine Dimension, in der die Geräusche der Nacht den Geist stören. Weibliches Arkanum, Domäne Nacht, mit dem Wasser assoziiert. Sein Einflussbereich sind die Emotionen.

XIX – DIE SONNE: Unschuld, Reinheit und Freundschaft. Affinität der Herzen, der Seele, des Geistes oder des Schicksals zweier Menschen. Karte der Sonne, Domäne Tag, männlich, mit dem Feuer assoziiert. Ihr Einflussbereich ist die Handlung, die einen Weg beginnt.

XX – DAS GERICHT: Arkanum des Sieges. Anerkennung. Bewertung der umgesetzten Werke und Anstrengungen. Feierliche Handlung. Männliches Arkanum, Domäne Tag. Mit der Luft assoziiert. Symbol Schwert. Sein Einflussbereich ist der Gedanke.

XXI – DIE WELT : Energie im Zustand ihrer Perfektion. Durch Vereinigung aller Kräfte erzieltes Ergebnis. Verkörpert die Harmonie, den Erfolg, den Luxus und die Eitelkeit. Weibliches Arkanum, Domäne Tag. Mit dem Feuer assoziiert. Sein Einflussbereich sind der Triumph und der Ruhm.

KLEINE ARKANA
ERDE: SYMBOL HAMMER

1. Ass. Triumph und Macht über die materielle Welt. Führungsfähigkeiten (Leadership) im Beruf. Beharrlichkeit.
2. Symbol für die Vereinigung im Beruf. Perfekte, produktive Gesellschaft.
3. Verkörpert das Ergebnis einer materiellen Arbeit, die von einem Schüler oder Mitarbeiter unter der Anleitung eines Meisters verwirklicht wird.
4. Solidität in der materiellen Arbeit und bei Produktionstätigkeiten. Kündigt ein Bündnis zwischen Menschen an.
5. Fruchtbare gemeinschaftliche Arbeit. Verweist auf den Beginn einer Konstruktion, nicht aber auf ihre Beendigung.
6. Abschluss eines Projekts. Gutes Funktionieren einer Arbeitsgruppe. Willenskraft und Beharrlichkeit.
7. Leitung einer Arbeitsgruppe. Perfektion bei der Arbeit.
8. Konstruktion eines gemeinsamen Werks. Stabilität und Solidität der Arbeit.
9. Stilles und ausdauerndes Arbeiten, das ein schönes, perfektes Werk entstehen lässt.
10. Vervollständigung einer materiellen Arbeit, an der man gemeinsam mitgewirkt hat.
11. Bube. Maurer. Verkörpert Beständigkeit und Bescheidenheit.
12. Ritter. Baumeister, der den Bau überwacht und die gemeinsame Arbeit beaufsichtigt.
13. Königin. Matriarchin der Familie. Sie stellt die Nahrung für die Gemeinschaft sicher.

14. König. Materielle und weltliche Macht in einer Organisation. Kümmert sich um die formellen Aspekte.

WASSER: SYMBOL KELCH

1. Ass. Verherrlichung der Emotionen. Leitungsfähigkeit und Fähigkeit, das Ansehen wiederherzustellen. Triumph der Liebe.

2. Gefühlsmäßiges Einverständnis. Perfektes Paar. Ertragreiche Gesellschaft.

3. Zwischen zwei Menschen entstandenes Werk. Paar, das ein Kind zeugt. Lehrer, die erziehen.

4. Gefühlsstabilität. Solidität der Abmachungen. Konsolidierung des Projekts eines Paars.

5. Projektion der gefühlsmäßigen Fruchtbarkeit auf eine spirituelle Ebene.

6. Gefühlsmäßige Übereinkunft zwischen einer Gruppe von Menschen. Stabilität und Harmonie.

7. Meisterhaftigkeit und Beherrschung der Gefühlswelt. Die Geheimnisse der Liebe kennen.

8. Stabilität der Beziehungen. Führungsfähigkeit, die schützt und günstige Situationen schafft.

9. Weisheit, Brüderlichkeit und Spiritualität.

10. Vervielfältigung der Liebe. Neue Wege tun sich auf, die zu anderen Jahreszeiten führen.

11. Bube. Emotionen, die das Ergebnis einer gesuchten, nicht aber gefundenen Liebe sind.

12 Ritter. Nachricht der Brüderlichkeit. Arbeit mit den Emotionen.

13. Königin. Mutter, die sich um ihre Kinder kümmert. Sie tröstet diejenigen, die traurig oder verwundet sind.

14. König. Er nimmt die Traurigkeit der anderen mit Diskretion auf, hört sie an und tröstet sie.

FEUER: SYMBOL MÜNZEN

1. Ass. Verkörpert die Führungsfähigkeit und die Leidenschaft für Geschäfte und im Wachstum befindliche Projekte.

2. Bündnis zwischen zwei Menschen, die eine Leidenschaft und ein Projekt teilen. Kündigt wirtschaftlichen Fortschritt an.

3. Inneres Feuer, das sich auf Handlungen überträgt, die imstande sind, andere zu leiten. Wirtschaftliches Gelingen.

4. Konsolidierung und Expansion eines Projekts. Kündigt Hilfe und Anerkennung an.

5. Planung eines gemeinsamen Werks. Mögliche Konflikte zwischen dem „Ego" der Menschen.

6. Vervollständigung, Realisierung kreativer Projekte. Kündigt materiellen Wohlstand an.

7. Leidenschaft für eine kreative, lukrative Arbeit. Sagt Kraft, Reichtum und Wachstum voraus.

8. Die innere Kraft, um ein Projekt voranzutreiben. Kündigt wirtschaftlichen Fortschritt an.

9. Verwandlungskraft des Feuers, das den Stein in ein Edelmetall verwandelt. Ende eines Kapitels, einer Jahreszeit.

10. Beendigung einer Arbeit. Kapitalisierung von Reichtum und Wachstum. Luxus und Macht.

11. Bube. Heiterkeit, Schönheit und jugendliche Leidenschaft. Suche nach Identität.

12. Ritter. Jugendliches Ungestüm. Erbschaft und Kontinuität.

13. Königin. Schönheit und Eitelkeit. Frau, die bei anderen Bewunderung weckt und ihre Eitelkeit in Tugend verwandelt.

14. Königin. Macht des Reichtums und inneres Feuer. Verkörpert Eitelkeit und Egozentrik.

LUFT: SYMBOL SCHWERTER

1. Ass. Sich durch Ideen hervortun. Moralische und spirituelle Rechtschaffenheit. Die Ethik und das Gesetz setzen sich durch.

2. Gegenseitige Ergänzung im intellektuellen Bereich. Dieselben Ideale und Werte teilen.

3. Das Ergebnis der intellektuellen Arbeit zweier Menschen.

4. Treue gegenüber den Werten und Bündnis zwischen Menschen, die sich für dieselbe Sache einsetzen.

5. Entwicklung der intellektuellen Arbeit. Konsolidierung der Ideen. Inspiration und Enthüllung.

6. Harmonie und Gleichgewicht im Gefecht der Ideen oder bei der Verteidigung von Gesetz oder Werten.

7. Vorherrschaft und Vollendung der Ideen. Verteidigung der Prinzipien und Werte.

8. Stabilität und Kraft. Klarheit in der Arbeit, unter Beibehaltung des Gleichgewichts. Verteidigung.

9. Meisterhaftigkeit, die sich an der Kenntnis des Okkulten inspiriert. Schutz und Verteidigung.

10. Vervielfältigung der Kräfte, die eine gemeinsame Sache verteidigen.

11. Bube. Jugendlicher Idealismus. Verteidigung von Werten und Lehren.

12. Ritter. Überbringer von Nachrichten. Krieger in den Schlachten und Beschützer der Familien.

13. Königin. Gebietet ein moralisches Verhalten und einen Ausgleich zwischen Rechten und Pflichten.

14. König. Intelligenz der Worte. Kenntnis von Gesetz und Tradition.

DEUTUNG DES FREIMAURER-LEHRLINGS

Sie wird mit drei Karten durchgeführt und dient dazu, eine klare Antwort auf eine bestimmte, präzise Frage zu finden. Man kann dazu nur die Großen Arkana oder das gesamte Deck verwenden. Nachdem der Ratsuchende die Karten gemischt hat, hält er die Hände über das Deck und denkt an die Frage. Anschließend teilt er das Deck in drei Teile und nimmt jeweils die erste Karte der drei Stapel. Dann legt er diese drei Karten wie in der Abbildung gezeigt nebeneinander auf dem Tisch aus. Ihre Deutung ist die Folgende:

1. Verkörpert den momentanen Zustand des Ratsuchenden, seine Situation und das gegenwärtige Problem.

2. Zeigt die günstigen und die ungünstigen Faktoren bezüglich der Angelegenheit auf, die Gegenstand der Frage ist.

3. Enthüllt das Ergebnis oder die wahrscheinlichste Lösung der momentanen Situation, für den Fall, dass die Bedingungen sich nicht verändern oder Variationen ausgesetzt sind.

MADRAS® Editora
CADASTRO/MALA DIRETA

Envie este cadastro preenchido e passará a receber informações dos nossos lançamentos, nas áreas que determinar.

Nome _____
RG _____ CPF _____
Endereço Residencial _____
Bairro _____ Cidade _____ Estado ____
CEP _____ Fone _____
E-mail _____
Sexo ❏ Fem. ❏ Masc.   Nascimento _____
Profissão _____ Escolaridade (Nível/Curso) _____

Você compra livros:
❏ livrarias ❏ feiras ❏ telefone ❏ Sedex livro (reembolso postal mais rápido)
❏ outros: _____

Quais os tipos de literatura que você lê:
❏ Jurídicos   ❏ Pedagogia   ❏ Business   ❏ Romances/espíritas
❏ Esoterismo   ❏ Psicologia ❏ Saúde   ❏ Espíritas/doutrinas
❏ Bruxaria   ❏ Autoajuda   ❏ Maçonaria   ❏ Outros:

Qual a sua opinião a respeito desta obra? _____
_____

Indique amigos que gostariam de receber MALA DIRETA:
Nome _____
Endereço Residencial _____
Bairro _____ Cidade _____ CEP _____

Nome do livro adquirido: Tarô Maçônico

Para receber catálogos, lista de preços e outras informações, escreva para:

MADRAS EDITORA LTDA.
Rua Paulo Gonçalves, 88 – Santana – 02403-020 – São Paulo/SP
Caixa Postal 12183 – CEP 02013-970 – SP
Tel.: (11) 2281-5555 – Fax.:(11) 2959-3090
www.madras.com.br

MADRAS Editora

Para mais informações sobre a Madras Editora, sua história no mercado editorial e seu catálogo de títulos publicados:

Entre e cadastre-se no site:

www.madras.com.br

Para mensagens, parcerias, sugestões e dúvidas, mande-nos um e-mail:

marketing@madras.com.br

SAIBA MAIS

Saiba mais sobre nossos lançamentos, autores e eventos seguindo-nos no facebook e twitter:

@madrased

/madraseditora